Kohlhammer

# Der Autor

Prof. Dr. phil. Matthias Backenstraß leitet das Institut für Klinische Psychologie des Zentrums für Seelische Gesundheit am Klinikum Stuttgart. An der Universität Heidelberg, an der er studiert, promoviert und habilitiert hat, ist er zugleich außerplanmäßiger Professor für Psychologie und lehrt im Bereich Klinische Psychologie und Psychotherapie. Bereits im Rahmen seiner Promotionsarbeit beschäftigte er sich mit dem Interaktionsverhalten depressiver Menschen. Als weitere Forschungsinteressen kamen die Zwangs- und bipolaren Störungen hinzu sowie verschiedene Aspekte der Emotionsregulation und der Wirksamkeit von Psychotherapie. Nach einer Ausbildung in Klientzentrierter Gesprächspsychotherapie nach Carl Rogers qualifizierte er sich in Kognitiver Verhaltenstherapie und approbierte zum Psychologischen Psychotherapeuten mit verhaltenstherapeutischer Vertiefung. An mehreren Psychotherapieausbildungsinstituten gibt er Kurse zur Psychotherapie der Zwangsstörungen sowie CBASP und ist als Supervisor für Kognitive Verhaltenstherapie tätig.

Matthias Backenstraß ist Gründungsmitglied des CBASP-Netzwerks, einem Verein, der sich um die Verbreitung und Qualitätssicherung von CBASP im deutschsprachigen Raum bemüht. Zudem ist er von Beginn an im Vorstand des Vereins aktiv. Er ist CBASP-Therapeut, -Supervisor und -Trainer.

Matthias Backenstraß

# Cognitive Behavioral Analysis System of Psychotherapy (CBASP)

Verlag W. Kohlhammer

Dieses Werk einschließlich aller seiner Teile ist urheberrechtlich geschützt. Jede Verwendung außerhalb der engen Grenzen des Urheberrechts ist ohne Zustimmung des Verlags unzulässig und strafbar. Das gilt insbesondere für Vervielfältigungen, Übersetzungen und für die Einspeicherung und Verarbeitung in elektronischen Systemen.

Pharmakologische Daten verändern sich ständig. Verlag und Autoren tragen dafür Sorge, dass alle gemachten Angaben dem derzeitigen Wissensstand entsprechen. Eine Haftung hierfür kann jedoch nicht übernommen werden. Es empfiehlt sich, die Angaben anhand des Beipackzettels und der entsprechenden Fachinformationen zu überprüfen. Aufgrund der Auswahl häufig angewendeter Arzneimittel besteht kein Anspruch auf Vollständigkeit.

Die Wiedergabe von Warenbezeichnungen, Handelsnamen und sonstigen Kennzeichen berechtigt nicht zu der Annahme, dass diese frei benutzt werden dürfen. Vielmehr kann es sich auch dann um eingetragene Warenzeichen oder sonstige geschützte Kennzeichen handeln, wenn sie nicht eigens als solche gekennzeichnet sind.

Es konnten nicht alle Rechtsinhaber von Abbildungen ermittelt werden. Sollte dem Verlag gegenüber der Nachweis der Rechtsinhaberschaft geführt werden, wird das branchenübliche Honorar nachträglich gezahlt.

Dieses Werk enthält Hinweise/Links zu externen Websites Dritter, auf deren Inhalt der Verlag keinen Einfluss hat und die der Haftung der jeweiligen Seitenanbieter oder -betreiber unterliegen. Zum Zeitpunkt der Verlinkung wurden die externen Websites auf mögliche Rechtsverstöße überprüft und dabei keine Rechtsverletzung festgestellt. Ohne konkrete Hinweise auf eine solche Rechtsverletzung ist eine permanente inhaltliche Kontrolle der verlinkten Seiten nicht zumutbar. Sollten jedoch Rechtsverletzungen bekannt werden, werden die betroffenen externen Links soweit möglich unverzüglich entfernt.

1. Auflage 2021

Alle Rechte vorbehalten
© W. Kohlhammer GmbH, Stuttgart
Gesamtherstellung: W. Kohlhammer GmbH, Stuttgart

Print:
ISBN 978-3-17-035633-7

E-Book-Formate:
pdf:  ISBN 978-3-17-035634-4
epub: ISBN 978-3-17-035635-1
mobi: ISBN 978-3-17-035636-8

# Inhalt

Geleitwort zur Reihe .................................................. 9

Vorwort ................................................................ 11

Einleitung ............................................................. 13

1 Entwicklungsgeschichte des CBASP ..................... 17

2 Verwandtschaft mit anderen Verfahren ................ 23

3 **Wissenschaftliche Grundlagen** ........................... 26
   3.1   Prävalenz und klinische Relevanz der
        Persistierenden Depressiven Störung ............... 27
   3.2   Interpersonelles Störungsmodell der chronischen
        Depression ............................................... 28
       3.2.1   Empirische Evidenz ......................... 33
       3.2.2   Fazit zum CBASP-Störungsmodell ......... 37

4 **Kernelemente der Diagnostik** ........................... 39
   4.1   Kategoriale Diagnostik der Persistierenden
        Depressiven Störung ................................. 39
   4.2   Dimensionale Diagnostik des Schweregrads der
        Störung ................................................... 43
   4.3   Systematische Erhebung von traumatischen
        Erfahrungen ............................................ 43
   4.4   Diagnostik interpersoneller Probleme ............. 44
   4.5   Den Stimuluscharakter des Patienten
        identifizieren .......................................... 45

| | | | |
|---|---|---|---|
| | 4.6 | Bewertung des vom Patienten Gelernten | 47 |
| **5** | **Kernelemente der Therapie** | | **49** |
| | 5.1 | Zeitliche Struktur | 50 |
| | 5.2 | Liste der prägenden Bezugspersonen | 51 |
| | 5.3 | Übertragungshypothese | 54 |
| | 5.4 | Situationsanalyse | 58 |
| | | 5.4.1 Erhebungsphase | 60 |
| | | 5.4.2 Lösungsphase | 65 |
| | | 5.4.3 Zusammenfassung und weiteres Vorgehen | 69 |
| | 5.5 | Mini-Situationsanalyse | 70 |
| | 5.6 | Kiesler-Kreis | 72 |
| | 5.7 | Analyse zukünftiger Situationen | 73 |
| | 5.8 | Therapiestrategien zur diszipliniert persönlichen Gestaltung der therapeutischen Beziehung | 77 |
| | 5.9 | Interpersonelle Diskriminationsübung | 77 |
| | 5.10 | Kontingent Persönliche Reaktion | 80 |
| **6** | **Klinisches Fallbeispiel** | | **86** |
| | 6.1 | Krankengeschichte und Diagnostik | 87 |
| | | 6.1.1 Psychischer Befund zu Therapiebeginn | 88 |
| | | 6.1.2 Ergebnisse der Eingangsdiagnostik | 88 |
| | 6.2 | Fallkonzeption | 89 |
| | | 6.2.1 Darstellung der Liste der prägenden Bezugspersonen | 89 |
| | | 6.2.2 Übertragungshypothese | 92 |
| | | 6.2.3 Ergebnis des IMI | 93 |
| | 6.3 | Behandlungsverlauf | 95 |
| | | 6.3.1 Eine beispielhafte Situationsanalyse | 95 |
| | | 6.3.2 Unterscheiden lernen zwischen Vater und Therapeuten (Beispiel einer Interpersonellen Diskriminationsübung) | 98 |
| | | 6.3.3 Vorbereitung eines wichtigen Gesprächs – Zukunftsanalyse | 101 |
| | | 6.3.4 Therapeut zeigt sich betroffen und Konsequenzen (Beispiel einer Kontingent Persönlichen Reaktion) | 102 |

| | | |
|---|---|---|
| 6.4 | Therapieende | 105 |
| | 6.4.1 Ergebnisse der Diagnostik zu Therapieende | 106 |
| | 6.4.2 Abschließende Bewertung | 106 |

**7 Hauptanwendungsgebiet** ............................................. **108**

**8 Settingbedingungen** ................................................... **112**
 8.1 CBASP als Gruppentherapie ........................ 112
 8.2 CBASP im Rahmen eines stationären Behandlungskonzepts ................................. 117
  8.2.1 Behandlungsdauer und zeitliche Struktur.... 118
  8.2.2 Multiprofessionelles Angebot ................ 119
 8.3 Zusammenfassende Einordnung ...................... 123

**9 Die therapeutische Beziehung** ..................................... **124**

**10 Wissenschaftliche und klinische Evidenz** .................... **130**
 10.1 Wirksamkeit von CBASP .............................. 130
 10.2 Wer profitiert besonders von CBASP? ............. 139
  10.2.1 Moderatoren des Therapieerfolgs ........... 139
  10.2.2 Mediatoren des Therapieerfolgs ............. 141

**11 Institutionelle Verankerung** ....................................... **144**

**12 Informationen zur Fortbildung in CBASP** .................... **145**

**Literatur** .................................................................... **147**

**Sachwortverzeichnis** ................................................... **159**

# Geleitwort zur Reihe

Die Psychotherapie hat sich in den letzten Jahrzehnten deutlich gewandelt: In den anerkannten Psychotherapieverfahren wurde das Spektrum an Behandlungsansätzen und -methoden extrem erweitert. Diese Methoden sind weitgehend auch empirisch abgesichert und evidenzbasiert. Dazu gibt es erkennbare Tendenzen der Integration von psychotherapeutischen Ansätzen, die sich manchmal ohnehin nicht immer eindeutig einem spezifischen Verfahren zuordnen lassen.

Konsequenz dieser Veränderungen ist, dass es kaum noch möglich ist, die Theorie eines psychotherapeutischen Verfahrens und deren Umsetzung in einem exklusiven Lehrbuch darzustellen. Vielmehr wird es auch den Bedürfnissen von Praktikern und Personen in Aus- und Weiterbildung entsprechen, sich spezifisch und komprimiert Informationen über bestimmte Ansätze und Fragestellungen in der Psychotherapie zu beschaffen. Diesen Bedürfnissen soll die Buchreihe »Psychotherapie kompakt« entgegenkommen.

Die von uns herausgegebene neue Buchreihe verfolgt den Anspruch, einen systematisch angelegten und gleichermaßen klinisch wie empirisch ausgerichteten Überblick über die manchmal kaum noch überschaubare Vielzahl aktueller psychotherapeutischer Techniken und Methoden zu geben. Die Reihe orientiert sich an den wissenschaftlich fundierten Verfahren, also der Psychodynamischen Psychotherapie, der Verhaltenstherapie, der Humanistischen und der Systemischen Therapie, wobei auch Methoden dargestellt werden, die weniger durch ihre empirische, sondern durch ihre klinische Evidenz Verbreitung gefunden haben. Die einzelnen Bände werden, soweit möglich, einer vorgegeben inneren Struktur folgen, die als zentrale Merkmale die Geschichte und Entwicklung des Ansatzes, die Verbindung zu anderen Methoden, die empirische und klinische Evidenz, die Kernelemente von Diagnostik und Therapie sowie Fallbeispiele umfasst. Darüber hinaus möchten wir uns mit verfahrensübergreifenden Querschnittsthemen befassen, die u. a. Fragestellungen der Diagnostik, der verschiedenen Rahmenbedingungen, Settings, der Psychotherapieforschung und der Supervision enthalten.

Nina Heinrichs (Bremen)
Rita Rosner (Eichstätt-Ingolstadt)
Günter H. Seidler (Dossenheim/Heidelberg)
Carsten Spitzer (Rostock)
Rolf-Dieter Stieglitz (Basel)
Bernhard Strauß (Jena)

Die Buchreihe wurde begründet von Harald J. Freyberger, Rita Rosner, Ulrich Schweiger, Günter H. Seidler, Rolf-Dieter Stieglitz und Bernhard Strauß.

# Vorwort

Als mich Herr Dr. Poensgen vom W. Kohlhammer Verlag fragte, ob ich für die Reihe »Psychotherapie kompakt« den geplanten Band zu CBASP schreiben könnte, war ich zunächst zögerlich. McCulloughs CBASP-Therapiemanual sowie seine vertiefende Monografie zur therapeutischen Beziehung liegen in deutscher Übersetzung vor. Darüber hinaus gibt es weitere deutschsprachige und internationale Buchpublikationen, in denen CBASP – zum Teil mit Modifikationen z. B. hinsichtlich des Settings – ausführlich dargestellt wird. Warum also ein weiteres Buch zu diesem Therapiemodell? Zwei Gründe haben mich bewogen, mich an die Arbeit zu machen. Der erste Grund ist CBASP selbst. Ich bin nach wie vor von CBASP angetan. Es stellt aus meiner Sicht ein sehr überzeugendes, weil integratives Therapiemodell dar. Es integriert dabei u. a. zwei mir in der klinischen Praxis wichtig gewordene Ansätze, nämlich die kognitive Verhaltenstherapie mit dem Fokus auf Veränderung (und empirischer Überprüfung) und die interpersonelle Perspektive, mit einer starken Fokussierung auf das zwischenmenschliche Geschehen sowohl außerhalb als auch innerhalb der Psychotherapie bei einer auf Authentizität basierenden Gestaltung der therapeutischen Beziehung. Der zweite Grund liegt in der Konzeption der Reihe »Psychotherapie kompakt«. Die Herausgeber und der Verlag haben eine Struktur vorgegeben, die sich mit der Idee des »Scientist-Practitioner-Modells« in große Übereinstimmung bringen ließ. So konnte ich einerseits die Entwicklungsgeschichte von CBASP würdigen, das Störungsmodell, die Interventionsstrategien und deren Modifikationen ausführlich darstellen und anhand eines ausführlichen Fallbeispiels illustrieren sowie andererseits den aktuellen Stand der empirischen Forschungsliteratur zusammentragen und referieren. Ich hoffe sehr, dass von meiner CBASP-Begeisterung und der Überzeugung, dass Praxis und die kritische wissenschaftliche Auseinandersetzung mit dieser zusammen dargestellt und vermittelt werden müssen, nun in dem vorliegenden Buch etwas sichtbar werden.

Das Buch hätte nicht zustande kommen können, hätte ich nicht bei und von Elisabeth Schramm und Jim McCullough CBASP lernen können. Beiden möchte ich deshalb ganz ausdrücklich und von ganzem Herzen danken. Mein weiterer Dank gilt all jenen Patienten, die CBASP mit mir zur Anwendung brachten: Es ist kaum abzuschätzen, wie sie dazu beigetragen haben und immer noch dazu beitragen, mein therapeutisches Vorgehen und Verständnis weiter zu entwickeln. All jenen Kollegen im CBASP-Netzwerk und vor allem den Personen im Vereinsvorstand (den aktuellen und den früheren) möchte ich herzlich danken, dass sie sich für die Weiterverbreitung und Qualitätssicherung von CBASP engagieren. Bedanken möchte ich mich darüber hinaus bei Frau Brutler und Herrn Dr. Poensgen vom Verlag für die Unterstützung sowie den Reihenherausgebern für die konstruktive Rückmeldung zu einer ersten Manuskriptversion.

Schließlich gilt mein ganz besonderer Dank Andrea Hellstern, die mir tatkräftig hilft, den beruflichen Alltag zu bewältigen und natürlich meiner Ehefrau, für die ich an dieser Stelle bei Hölderlin die Widmung entlehne: »Wem sonst als Dir!«

Eine Anmerkung noch zur Sprache: Ich habe mich aus Gründen der besseren Lesbarkeit für eine geschlechter*un*gerechte Sprachverwendung unter Verwendung des generischen Maskulinums entschieden. Die kontextuell relevanten Begriffe wie Patient und Therapeut schließen alle Geschlechter ein. Diese Vorgehensweise kann ich vor mir selbst nur rechtfertigen, in dem ich mich darauf festlege, sollte ich jemals wieder ein Buchmanuskript schreiben, werde ich dieses im generischen Femininum verfassen.

# Einleitung

Das Cognitive Behavioral Analysis System of Psychotherapy (CBASP) erfährt in den letzten 20 Jahren – besonders im deutschsprachigen Raum – sowohl von Seiten der klinisch-psychotherapeutischen als auch der wissenschaftlich arbeitenden Kollegen zunehmende Beachtung. Man könnte sagen: und das, obwohl CBASP für die Behandlung *nur* einer Subgruppe einer psychischen Störung, nämlich der chronischen Depression (bzw. der aktuell gültigen DSM-5 Nomenklatur entsprechend »Persistierende Depressive Störung«), entwickelt wurde. Was macht CBASP so attraktiv? Mit CBASP ist sicherlich die Hoffnung verbunden, einer Gruppe von Patienten, die zumeist verschiedene Behandlungen ohne deutlichen und andauernden Erfolg durchlaufen hat, doch noch helfen zu können. Diese Hoffnung speist sich in der klinischen Anwendung recht schnell durch den Eindruck, mit CBASP Interventionen anbieten zu können, die die zumeist therapieerfahrenen Betroffenen noch nicht kennen und in sehr vielen Fällen tatsächlich zu Veränderungen im Verhalten und Erleben führen.

CBASP erscheint aber auch attraktiv, da im Zuge einer über Jahrzehnten andauernden Vorgehensoptimierung Konzepte und Interventionsstrategien verschiedener Therapieschulen in einen kohärenten Ansatz integriert worden sind. Die Integration findet zum einen auf der Ebene des Störungsmodells statt. Hier werden Ansätze aus der Sozialen Lerntheorie (Bandura 1977), der interpersonellen Theorie (Kiesler 1996), der kognitiven Entwicklungstheorie (Piaget 1995) und der operanten Lerntheorie (Skinner 1953) in überzeugender Weise miteinander verknüpft und zur Erklärung der Entstehung und Aufrechterhaltung der chronischen Depression fruchtbar gemacht. Zum anderen hat McCullough, auf diesem Modell aufbauend, Interventionen entwickelt, die – basierend auf der Verhaltenstherapie – Konzepte aus psychodynamischen und interpersonellen Therapieansätzen integriert und insbesondere in Bezug auf die Gestaltung der therapeutischen Beziehung neue Wege geht. Dass der Therapeut – vom Störungsmodell abgeleitet – unter klar umschriebenen Bedingungen die therapeutische Beziehung durch Selbstöffnungen persönlich gestaltet, stellt dabei zugleich eine Innovation und Herausforderung dar.

CBASP wird in dem vorliegenden Buch detailliert vorgestellt. Dabei wird versucht, dem Anspruch eines »Scientist-Practitioner-Modells« nahezukommen, indem einerseits die klinische Anwenderperspektive – durch eine ausführliche Beschreibung der Störungsannahmen und der Interventionsstrategien praxisnah und mit einem ausführlichen Fallbeispiel untermauert – eingenommen wird. Modifikationen der Interventionsstrategien, wie sie zwischenzeitlich in einer Reihe von Publikationen beschrieben sind, werden dabei berücksichtigt. Andererseits wird die aktuelle Forschungsliteratur, dem kritischen Blick des Wissenschaftlers entsprechend, zur Überprüfung der Störungsannahmen und der Wirksamkeit von CBASP zusammengetragen.

Um diesem Ziel gerecht zu werden, widmet sich das vorliegende Buch – der Gliederung der Reihe »Psychotherapie kompakt« verpflichtet – in den ersten beiden Kapiteln zunächst der Entwicklungsgeschichte von CBASP (▶ Kap. 1) und danach der konzeptuellen Einordnung des Verfahrens in den Kanon der bekannten Therapiemodelle (▶ Kap. 2). Im Kapitel »Wissenschaftliche Grundlagen« wird kurz auf die klinische Relevanz chronischer Verlaufsformen der Depression eingegangen und dann das Störungsmodell, das CBASP zugrunde liegt, beschrieben (▶ Kap. 3). Die kritische Darstellung der aktuellen Forschungsliteratur in Bezug auf die Frage, ob und welche der Annahmen zum CBASP-Störungsmodell einer empirischen Prüfung standhalten, schließt dieses Kapitel ab. Im folgenden Kapitel werden die Grundlagen und Instrumente zur kategorialen und dimensionalen Diagnostik der chronischen Depression sowie weitere Fragebogen zur systematischen Erfassung relevanter Konzepte im CBASP beschrieben (▶ Kap. 4).

Das zentrale Kapitel zum Kennenlernen des therapeutischen Vorgehens und der CBASP-spezifischen Interventionsstrategien ist sicherlich »Kernelemente der Therapie« (▶ Kap. 5). Hier wird ausführlich und anschaulich in die CBASP-Strategien wie z. B. die Situationsanalyse eingeführt, die Ziele der jeweiligen Strategien herausgearbeitet und das konkrete Vorgehen beschrieben. Es werden dabei auch Entwicklungen und Modifikationen der einzelnen Strategien, wie sie sich in den letzten Jahren ergeben haben, berücksichtigt. Die Anschaulichkeit der Darstellung des therapeutischen Vorgehens soll weiter dadurch erhöht werden, dass sich ein eigenes Kapitel der Beschreibung einer CBASP-Behandlung im Sinne eines Fallbeispiels widmet (▶ Kap. 6). Damit kann konkret nachvollzogen werden, was z. B. die Liste der prägenden Bezugspersonen in der Anwendung bedeutet oder wie eine Situationsanalyse konkret durchgeführt wird.

Kürzere Kapitel widmen sich dem Hauptanwendungsgebiet (▶ Kap. 7), der institutionellen Verankerung (▶ Kap. 11) sowie Informationen zu Fortbildungsmöglichkeiten in CBASP (▶ Kap. 12).

Ausführlicher wird auf die in den letzten zehn Jahren entwickelten Settingerweiterungen eingegangen (▶ Kap. 8). Denn für CBASP liegen für den deutschsprachigen Raum zwischenzeitlich ein Gruppentherapiemanual und die Ausarbeitung eines stationären Behandlungskonzepts vor. Beide Ansätze werden detaillierter beschrieben.

Obwohl im Kapitel »Kernelemente der Therapie« bereits CBASP-spezifische Interventionsstrategien beschrieben werden, die sich die therapeutische Beziehung zu Nutze machen – wie z. B. die Interpersonelle Diskriminationsübung – wird der therapeutischen Beziehung ein weiteres Kapitel gewidmet (▶ Kap. 9).

Besondere Bedeutung kommt schließlich dem Kapitel »Wissenschaftliche und klinische Evidenz« zu (▶ Kap. 10). Eine rege Forschungsaktivität zur Überprüfung der Wirksamkeit von CBASP hat in den letzten Jahren zu einer Reihe diesbezüglicher Publikationen geführt. Das Kapitel stellt sich dem Anspruch, die Befundlage im Sinne eines narrativen Reviews kritisch zusammenzufassen.

Insgesamt wird somit dem Anspruch der Psychotherapiereihe Rechnung getragen, einerseits das psychotherapeutische Vorgehen einhergehend mit der Darstellung der zentralen Interventionsstrategien für den Kliniker anschaulich zu beschreiben. Andererseits kann sich der interessierte Wissenschaftler über den aktuellen Stand der Forschung zu den CBASP-Störungsannahmen und der Wirksamkeitsprüfung des Verfahrens informieren. Ein Cross-over – Forscher rezipiert das konkrete psychotherapeutische Vorgehen und Kliniker die aktuellen Forschungsergebnisse – ist natürlich auch möglich ☺!

# 1 Entwicklungsgeschichte des CBASP

Das Cognitive Behaviral Analysis System of Psychotherapy (CBASP) wurde von James P. McCullough, Jr., einem US-amerikanischen Professor für Psychologie und Psychiatrie, entwickelt. McCullough begann in den 1970er Jahren mit der Behandlung chronisch-depressiver Patienten. Sein theoretischer und klinischer Hintergrund waren zu diesem Zeitpunkt die Lerntheorien sensu Pawlow und Skinner und die darauf aufbauende Verhaltenstherapie. Gemeinsam mit William F. Doverspike, einem seiner Doktoranden, entwickelte er ein spezifisches Behandlungsprogramm für Patienten, die chronisch depressiv waren. Wie McCullough später mitteilte, war es Doverspike, der dem Vorgehen den Namen CBASP gab (McCullough et al. 2015). Einem wissenschaftlich basierten Vorgehen verpflichtet, hat McCullough früh begonnen, seine Therapiemodifikationen systematisch zu evaluieren. In diesem Sinne enthält die erste Veröffentlichung, in der CBASP der Fachöffentlichkeit vorgestellt wurde, nicht nur eine kurze Beschreibung des psychotherapeutischen Vorgehens, sondern auch eine wissenschaftlich fundierte Evaluation von vier Einzelfällen (McCullough 1984).

Seine klinischen und wissenschaftlichen Interessen sind sehr stark auf die dysthyme Störung fokussiert. Er stellt diese – etwas gegen den Trend der Zeit, bei dem die kognitive (vor allem sensu Beck und Ellis) und behaviorale (sensu Lewinsohn) Sicht dominieren – in Anlehnung an Coyne (1976) explizit in einen interpersonellen Kontext: »dysthymic disorder is viewed as both an intrapersonal and interactional disorder« (McCullough 1984, S. 237). Vor dem Hintergrund dieser interaktionellen Sichtweise formuliert McCullough die für das CBASP zentrale Annahme, dass Patienten mit einer Dysthymie sich im Allgemeinen nicht über die »interactional relatedness to the enviroment« (McCullough 1984, S. 237) bewusst seien. Weiter schreibt er in lerntheoretischer Terminologie, dass dysthyme Patienten sich ihrer »stimulus values« nicht klar seien und nicht sähen, dass sie negative Reaktionen ihres Umfeldes mit hervorriefen. Hierfür prägt er den Begriff der »perceived functionality« (S. 247), an der es zu Beginn einer Behandlung dysthymen Patienten in aller Regel mangelt.

CBASP gliedert sich in dieser ersten Publikation in drei Behandlungsphasen. Die erste Phase (A), in der das therapeutische Verhalten vor allem durch nicht-direktive Interventionen gekennzeichnet ist, dient der Erhebung von Basisdaten zu den Problemen des jeweiligen Patienten. In der zweiten, zentralen Phase (B) der Behandlung werden konkrete Situationen des Patienten mit Hilfe der Situationsanalyse bearbeitet. Die Beschreibung der speziell von McCullough entwickelten Situationsanalyse ähnelt schon sehr der aktuell im Rahmen des CBASP eingesetzten Technik, auch wenn sich seitdem vereinzelte Änderungen und Ausdifferenzierungen in der weiteren CBASP-Entwicklung ergeben haben (▶ Kap. 5.4). In der abschließenden Phase (C) können die in Phase B herausgearbeiteten Defizite bezüglich dysfunktionaler Gedanken und interpersonellen Verhaltens mit Methoden der kognitiven Verhaltenstherapie bearbeitet werden (McCullough 1984). Aus heutiger Sicht ist darüber hinaus interessant, dass McCullough 1984 noch überhaupt keinen Bezug zu der Interpersonellen Theorie und Autoren wie beispielsweise Donald J. Kiesler herstellt.

Dies ändert sich auch nicht in der zweiten Publikation (McCullough 1991), in der die systematisch evaluierte CBASP-Fallbehandlung von weiteren zehn Patienten mit der Diagnose Dysthymia beschrieben wird. Bereits zu diesem Zeitpunkt hat McCullough 125 chronisch depressive Patienten mit CBASP behandelt. Nach wie vor stellt die Situationsanalyse den Kern der Behandlung dar und McCullough verankert sein Vorgehen in der kognitiven Verhaltenstherapie: »The goal of the present paper was to present and discuss data concerning a cognitive behavior psychotherapy approach for the treatment of dysthymia« (McCullough 1991, S. 735; Übersetzung des Verfassers: »Das Ziel der vorliegenden Publikation ist es, Daten, die im Zuge einer Behandlung der Dysthymie mit einem kognitiv-verhaltenstherapeutischen Ansatz erhoben wurden, vorzustellen und zu diskutieren.«).

# 1 Entwicklungsgeschichte des CBASP

**Merke:**

CBASP wurde von James P. McCullough zur psychotherapeutischen Behandlung chronischer Depressionsformen entwickelt. Der Ansatz ist in der Kognitiven Verhaltenstherapie verwurzelt, basiert jedoch von Anfang an auf einem interaktionellen Verständnis der Depressionsentstehung und -aufrechterhaltung.

Nationale und internationale Aufmerksamkeit durch die Fachöffentlichkeit erhält CBASP dann durch die Publikation der Ergebnisse eines Wirksamkeitsvergleichs mit einem Antidepressivum (Keller et al. 2000; ▶ Kap. 10). Es handelt sich um eine groß angelegte Studie, in die 681 Patienten mit einer chronischen Depression eingeschlossen und die hochrangig im New England Journal of Medicine publiziert werden konnte. CBASP stellt sich dabei als gleich wirksam wie das geprüfte Medikament heraus. In Kombination mit dem Antidepressivum erzielt CBASP eine noch größere Wirksamkeit. Im Vergleich zu den o. g. Publikationen werden in der »Keller-Studie« (oder auch Bristol-Myers Squibb (BMS)-Studie, da sie von der Pharmafirma Bristol-Myers Squibb gesponsert wird) nicht nur Patienten mit der Diagnose einer Dysthymia eingeschlossen, sondern es wird eine breitere Definition der chronischen Depression als Basis für die Einschlusskriterien gewählt. Es werden Patienten mit der Diagnose einer chronischen Major Depressiven Störung nach DSM-IV (APA 1994) eingeschlossen, bei der somit unterschiedliche Verlaufstypen der chronischen Depression berücksichtigt werden können. Gemeinsam ist diesen Verlaufstypen, dass die Symptomatik sich mindestens über die letzten zwei Jahre vor Diagnosestellung hinziehen muss (▶ Kap. 4.1). Die breitere Definition bringt mit sich, dass – im Vergleich zu den o. g. Einzelfallberichten von McCullough (1984, 1991) – von der Symptomschwere her nun auch depressivere Patienten mit CBASP und/oder dem Antidepressivum behandelt werden.

Die »Keller-Studie« führt zu einer Reihe weiterer Publikationen und damit einhergehender Erkenntnisse, die sich auf die Weiterentwicklung von CBASP auswirken. Die wohl wichtigste Veröffentlichung in diesem Kontext stammt von Nemeroff et al. (2003), in der gezeigt wird, dass chronisch depressive Patienten mit einer frühen Traumatisierung mit CBASP alleine, also ohne zusätzliche Gabe des antidepressiven Medikaments, nahezu genauso wirksam behandelt werden können, wie Patienten in der Kombinationsbedingung. Darüber hinaus zeigt sich, dass früh traumatisierte Patienten (z. B. Verlust eines Elternteils vor dem 15. Lebensjahr oder Opfer körperlicher Gewalt) von der Psychotherapie mit CBASP signifikant mehr profitieren als Patienten, die ausschließlich mit dem Antidepressivum behandelt werden.

Wie McCullough in dem nahezu zeitgleich zur »Keller-Studie« publizierten CBASP-Therapiemanual ausführt, ist die Studie aber nicht nur wegen der Mut machenden Ergebnisse für CBASP von Bedeutung, sondern auch für die Ausbildung weiterer CBASP-Therapeuten und damit für die Verbreitung von CBASP im Versorgungssystem (McCullough 2000). Bis zum Beginn der »Keller-Studie« wird CBASP von McCullough selbst und wenigen seiner Assistenten zur Anwendung gebracht. Im Rahmen der Vorbereitungen der Studie werden dann erstmals über 80 Studientherapeuten und mehrere Supervisoren, die aus den insgesamt zwölf an der Studie beteiligten Forschungszentren der USA kommen, in CBASP qualifiziert.

International und damit auch in Deutschland rückt CBASP durch die Veröffentlichung der »Keller-Studie« in den Fokus der Aufmerksamkeit von Forschern und Klinikern. In Deutschland sind es die Universitätspsychiatrien in Freiburg und Lübeck, die zuerst auf CBASP aufmerksam werden und McCullough einladen, damit er seinen Ansatz präsentieren kann. McCullough führt einen ersten Workshop durch und kann mit seinem Ansatz begeistern. Unter Federführung von Frau Elisabeth Schramm wird das 2000 publizierte Therapiemanual in die deutsche Sprache übersetzt (McCullough 2006b). Damit ist der Weg geebnet, das Therapieverfahren einer umfassenderen deutschsprachigen Therapeutenschaft nahezubringen. Nicht nur in Deutschland, sondern vor allem in der Schweiz wird CBASP zunehmend zur Kenntnis genommen. Therapeuten lassen sich – zunächst zumeist in von McCullough selbst geleiteten Workshops, später in von Therapeuten, die direkt von ihm ausgebildet werden – in CBASP fortbilden und bringen das Verfahren bei chronisch depressiven Patienten zur Anwendung.

Auch in Europa sind es letztlich wissenschaftliche Studien, die zur Qualifizierung einer Vielzahl von CBASP-Therapeuten beitragen. Dies gilt beispielsweise für die Niederlande (Wiersma et al. 2014), Großbritannien (Swan et al. 2014) und insbesondere Deutschland, wo ausgehend von der Universitätspsychiatrie in Freiburg mehrere Studien, in der speziellen Fragestellungen um CBASP und chronischer Depressionsformen nachgegangen wird, durchgeführt werden (z. B. Schramm et al. 2011, 2017; ▶ Kap. 3 und ▶ Kap. 10).

Ein weiterer wichtiger Schritt für die Entwicklung und Verbreitung von CBASP – vor allem im deutschsprachigen Raum – ist die Gründung des CBASP-Netzwerk e.V. im Rahmen einer Fortbildungsveranstaltung in Münster 2008 (▶ Kap. 11), unter dessen Federführung nach wie vor regelmäßige CBASP-bezogene Veranstaltungen durchgeführt werden.

Neben diesen versorgungsrelevanten Entwicklungen kommt es nach den ersten beiden oben beschriebenen Publikationen (McCullough 1984, 1991) auch zu inhaltlichen Weiterentwicklungen von CBASP. Die Rezeption der Interpersonellen Theorie und insbesondere der Arbeiten von Donald J. Kiesler (z. B. 1983) hat dazu geführt, dass eine strukturierte Erfassung des Einflusses der prägenden Bezugspersonen (im Original »significant others«) wesentlicher Bestandteil von CBASP geworden ist (McCullough 2000). Zudem empfiehlt McCullough von nun an, das von Kiesler entwickelte Impact Message Inventory (IMI, Kiesler und Schmidt 1993) systematisch bei der Therapieplanung einzusetzen. Darüber hinaus entwickelt und beschreibt McCullough weitere Interventionsmethoden, die es dem CBASP-Therapeuten innerhalb der therapeutischen Beziehung ermöglichen sollen, die »perceived functionality« der Patienten zu bearbeiten. Der »Kontingent Persönlichen Reaktion« (im Original »Contingent Personal Responsivity«), die im Rahmen einer diszipliniert persönlichen Gestaltung der therapeutischen Beziehung (im Original »Disciplined Personal Involvement«) realisiert wird, und der Interpersonellen Diskriminationsübung (»Interpersonal Discrimination Exercise«) widmet McCullough (2006a) eine eigene Buchpublikation.

CBASP wird von McCullough als Therapie im Einzelsetting entwickelt. Die beschriebene Verbreitung von CBASP führt darüber hinaus zu der Ausarbeitung zweier Manuale, die die Anwendung von CBASP im Gruppensetting beschreiben (Sayegh und Penberthy 2016, Schramm et al. 2012). Zudem wird an der Universitätspsychiatrie in Freiburg – speziell für die deutschsprachige Versorgungslandschaft, in der stationär psychosomatische und psychiatrische Behandlungsangebote traditionell eine große Rolle spielen – von Brakemeier und Normann (2012) ein stationäres CBASP-Konzept entwickelt und evaluiert. Vor dem Hintergrund dieses multiprofessionell ausgerichteten Behandlungsansatzes haben eine Vielzahl von Kliniken – vor allem in Deutschland und in der Schweiz – CBASP-Spezialstationen zur Versorgung chronisch depressiver Patienten eingerichtet.

CBASP hat sich seit seinen Anfängen somit zu einem Behandlungsansatz zur Therapie chronischer Depressionen entwickelt, der im Einzel- und Gruppensetting sowie ambulant oder stationär angeboten wird und umfassend empirisch überprüft ist (► Kap. 10). Obwohl es im deutschsprachigen Raum mittlerweile eine Vielzahl qualifizierter CBASP-Therapeuten gibt (vgl. CBASP-Netzwerk e.V. 2020), ist eine flächendeckende ambulante Versorgung jedoch noch nicht gesichert.

James P. McCullough hat CBASP von Anfang an explizit als Behandlungsmethode zur Psychotherapie der chronischen Depression, anfänglich sogar eingeschränkt auf die Dysthymie, beschrieben. Zudem hat er sich in seinem weiteren wissenschaftlichen Werk intensiv der Erforschung der Psychopathologie und diagnostischer Fragen der Dysthymie gewidmet (z. B. McCullough et al. 2000). Woher kommt die Motivation, die eigene klinische, psychotherapeutische und wissenschaftliche Karriere so ausschließlich auf ein Störungsbild zu fokussieren? In einem sehr persönlichen Vortrag zu seiner Emeritierung an der Virginia Commonwealth University im April 2017 berichtet McCullough, wie seine Lebenserfahrungen zu der Entwicklung seiner chronischen Depression beigetragen und wie diese Erfahrungen die Konzeptualisierung von CBASP mit beeinflusst haben. Die Entwicklung von CBASP vor dem Hintergrund der eigenen Lebenserfahrungen hat McCullough auch als Buch veröffentlicht (2019). Vor dem Hintergrund der oben skizzierten Bemühungen von McCullough, sein psychotherapeutisches Vorgehen von Anfang an wissenschaftlich zu fundieren, wäre es sicherlich zu kurz gegriffen, die Entwicklung von CBASP auf seine persönlichen Lebenserfahrungen zu reduzieren. Ohne diese Erfahrungen hätte die Motivation womöglich aber nicht ausgereicht, um ein solches Projekt in Gang zu bringen und über Jahrzehnte hinweg weiter zu entwickeln.

## 2 Verwandtschaft mit anderen Verfahren

Öst (2008) sowie Heidenreich und Michalak (2013) haben CBASP im Zuge der »dritten Welle« der Verhaltenstherapie genannt. Sie stimmen damit mit der Einordnung des CBASP als eine Form der Verhaltenstherapie überein – entsprechend den ersten Publikationen von McCullough (1984, 1991). Auch McCullough (2010) selbst listet CBASP unter anderen »dritte Welle«-Therapieverfahren auf, auch wenn er dem von Steven Hayes (2004) eingeführten Begriff der dritten Welle die Benennung der Therapieverfahren als »dritte Generation« zur Seite stellt und damit auf das eher zeitgleiche Erscheinen der Therapieverfahren hinweist. McCullough sieht als Gemeinsamkeit der neuen KVT-Verfahren, dass sie eben keine gemeinsame Rahmenkonzeption oder Theorie aufweisen: »With no organizing center or common conceptual thread, the various third generation therapy models don't fit comfortably in any unitary conceptual relationship« (McCullough 2010, S. 171; Übersetzung des Verfassers: »Ohne ein organisierendes Zentrum oder ein gemeinsames konzeptuelles Kernthema lassen sich die verschiedenen dritte Welle-Therapiemodelle nicht einfach in eine einheitliche konzeptuelle Beziehung bringen.«). Die Gemeinsamkeiten von CBASP zu anderen KVT-Verfahren der dritten Generation wie Acceptance and Commitment Therapy (ACT), Dialectical Behavior Therapy (DBT) und Mindfulness-Based Cognitive Therapy (MBCT), bei denen Konzepte wie Achtsamkeit und Akzeptanz sowie meditative Techniken eine besondere Bedeutung gewonnen haben, sind auch auf der Ebene der Therapietechniken (▶ Kap. 5) gering.

Vor dem Hintergrund der Entwicklungsgeschichte von CBASP ist die Ähnlichkeit bzw. Verwandtschaft zur KVT der ersten und zweiten Generation naheliegender. Bei CBASP steht eindeutig die Veränderung von Verhalten durch Lernprozesse im Vordergrund. Chronisch depressive

Patienten sollen lernen, dass ihr interpersonelles Verhalten Konsequenzen auf Seiten des jeweiligen Interaktionspartners hat – im Grunde handelt es sich hierbei um eine Veränderung auf kognitiver Ebene (Zunahme der »perceived functionality«). Vor dem Hintergrund dieser Erkenntnis sollen sie dann funktionales interpersonelles Verhalten lernen, um ihre Ziele erreichen zu können (Verhaltensebene).

McCullough (2000, McCullough et al. 2015) ist es aber sehr wichtig, die Unterschiede zur kognitiven Therapie (insbesondere dem Ansatz von A.T. Beck) herauszustellen. So stellt er fest, dass CBASP kein kognitives Modell zugrunde liegt, die chronische Depression also nicht als Resultat kognitiv-dysfunktionaler Wahrnehmungs- und Verarbeitungsprozesse gesehen wird. Im CBASP dagegen wird die chronische Depression als originär affektive Störung verstanden. Dem *intra*personellen Modell der kognitiven Therapie steht mit dem CBASP ein explizit *inter*personelles Modell gegenüber (▶ Kap. 3). Einhergehend mit dem interpersonellen Verständnis der Störung kommt dem Rollenverhalten des CBASP-Therapeuten mit dem »diszipliniert-persönlichen Einlassen« (DPE oder DPI für »Disciplined Personal Involvement«) und der davon geprägten therapeutischen Beziehung eine besondere Bedeutung zu. Die Gestaltung der therapeutischen Beziehung in der kognitiven Therapie entspricht eher dem klassischen Therapeutenmodell, bei dem persönliche, kontingente Reaktionen nicht an die Patienten zurückgemeldet werden. Und schließlich ist CBASP ein vollständig operationalisiertes System, bei dem die wesentlichen Lernzuwächse des Patienten systematisch erhoben und abgebildet werden sollen. Vor dem Hintergrund dieser Unterschiede bedauert McCullough etwas die Namensgebung *CBASP*, da mit dem vorangestellten »cognitive« eine engere Verwandtschaft zu der kognitiven Therapie nahegelegt werde, als es tatsächlich der Fall ist (McCullough et al. 2015).

CBASP entwickelte sich aus einem lerntheoretisch-basierten Modell heraus und integrierte später interpersonelle und psychodynamische Konzepte. Vor diesem Hintergrund ist es verständlich, dass McCullough (2005) dazu eingeladen wurde, in der zweiten Auflage des von Norcross und Goldfried (2005) herausgegebenen »Handbook of Psychotherapy Integration« CBASP ausführlicher vorzustellen. Der höchste »Verwandtschaftsgrad« von CBASP zu anderen Therapiemodellen liegt somit zu Ansätzen vor, die für spezifische Störungen oder Störungskonstellationen

(Komorbiditäten) die Anwendbarkeit und Wirksamkeit eines primär verhaltenstherapeutischen Vorgehens durch die Integration nicht-verhaltenstherapeutischer Konzepte und Interventionen zu erhöhen versuchen (vgl. Castonguay et al. 2005).

**Merke:**

Auch wenn CBASP von mehreren Autoren im Zuge der dritten Welle der kognitiven Verhaltenstherapie genannt wird, lässt sich kein verbindender, theoretischer Kern zu Verfahren wie MBCT, DBT oder ACT herleiten. CBASP ist vielmehr am ehesten als ein integratives Therapieverfahren zu verstehen, das psychotherapeutische Techniken verschiedener Ansätze nutzbar macht, um die Behandlung einer spezifischen Störung, nämlich der chronischen Depression zu optimieren.

# 3 Wissenschaftliche Grundlagen

In diesem Kapitel werden zunächst aktuelle Prävalenzzahlen zur chronischen Depression berichtet, um die Notwendigkeit effizienter Therapiemöglichkeiten dieser Störung zu untermauern. Danach werden die von McCullough (2000, 2013, McCullough et al. 2015) formulierten Störungsannahmen, auf denen CBASP basiert, dargestellt. Der ausführlichen Darstellung der Störungsannahmen liegt die nahezu banale Überzeugung zugrunde, dass ein angemessener Einsatz bzw. eine gelingende Anwendung der CBASP-Interventionsstrategien vor allem dann möglich ist, wenn sie vor dem Hintergrund eines Verständnisses der Störungsannahmen angewendet werden. Trotz eines hohen Ausmaßes an Strukturiertheit der Interventionen kommt es bei der Anwendung von CBASP – wie wahrscheinlich bei allen Psychotherapiemodellen – zu schwierigen Situationen zwischen Patient und Therapeut, die sozusagen nicht im Therapiemanual vorbeschrieben sind. In solchen Situationen ist ein Verständnis der Störungsannahmen absolut notwendig, um im Sinne des Therapiemodells entsprechende Interventionen und Therapeutenverhalten abzuleiten.

Einer wissenschaftlichen Fundierung des Therapiemodells verpflichtet, soll dann in einem weiteren Unterkapitel in aller Kürze die empirische Befundlage zu den Störungsannahmen zusammengetragen werden.

## 3.1 Prävalenz und klinische Relevanz der Persistierenden Depressiven Störung

Depressionen gehören zu den häufigsten psychischen Störungen. Die chronische Depression, die mit der Einführung des DSM-5 (APA 2013) auch als Persistierende Depressive Störung bezeichnet wird und unterschiedliche Verlaufstypen zusammenfasst (▶ Kap. 4), gilt dabei als besonders beeinträchtigend für die Betroffenen.

Populationsbasierte Prävalenzstudien zeigen, dass die Wahrscheinlichkeit, irgendwann im Verlauf des Lebens an einer Dysthymie zu erkranken (die sogenannte Life-Time-Prävalenz), grob geschätzt zwischen 2 und 5 % liegt (Kessler et al. 2005, Murphy und Byrne 2012). Eine genaue Schätzung der Erkrankungshäufigkeiten ist dadurch erschwert, dass viele Betroffene, die unter der leichteren Form der chronischen Depression, nämlich der Dysthymie leiden, im Verlauf ihrer Erkrankung zusätzlich eine schwerere depressive Episode erleiden. So ermittelten Daniel N. Klein und Kollegen (2006), dass knapp 80 % der von ihnen untersuchten – zum Untersuchungszeitraum – dysthymen Patienten im Verlauf ihres Lebens bereits eine Major Depression entwickelt hatten.

Die Wahrscheinlichkeit, in den letzten zwölf Monaten an einer Dysthymie erkrankt gewesen zu sein, liegt nach der aktuellsten, bevölkerungsbasierten Studie, die in Deutschland durchgeführt wurde, bei 2 % (Jacobi et al. 2014). Damit waren geschätzte eine Million Bundesbürger alleine von der leichteren Form der chronischen Depression betroffen.

Betrachtet man von allen Personen, die im Laufe ihres Lebens irgendwann einmal an einer Depression erkrankt waren, den Anteil derjenigen, die eine Persistierende Depressive Störung aufweisen, dann ergibt sich eine relative Häufigkeit von knapp 30 % (Murphy und Byrne 2012). Das bedeutet, dass nicht ganz ein Drittel aller unipolaren Depressionen einen chronischen Verlauf nehmen.

In der bereits erwähnten Studie von Klein et al. (2006) zeigte sich, dass im Verlauf von zehn Jahren – zu Studienbeginn chronisch depressive – Patienten wesentlich schlechter auf Behandlungen ansprechen und sich dementsprechend die Symptome langsamer zurückbilden. Zudem konnte in weiteren Studien gezeigt werden, dass chronisch depressive Patienten mehr Suizidgedanken berichten, häufiger unter komorbiden Störungen leiden, geringere Raten an sozialer Unterstützung angeben, über ein geringeres Ausmaß an körperlicher Gesundheit verfügen und sich weniger selbstwirksam erleben (z. B. Gilmer et al. 2005, Murphy und Byrne 2012, Satyanarayana et al. 2009).

> **Merke:**
>
> Chronische Depressionen stellen ein bedeutendes Gesundheitsproblem in der Bevölkerung dar. Es wird geschätzt, dass ca. 30 % aller unipolaren Depressionen einen chronischen Verlauf nehmen.

## 3.2 Interpersonelles Störungsmodell der chronischen Depression

Wie bereits eingangs erwähnt, hat McCullough die chronische Depression/ Persistierende Depressive Störung von Beginn an der Entwicklung von CBASP in einen interaktionellen Kontext gestellt. Basierend auf Bandura (1977) und Kiesler (1996) geht McCullough zunächst davon aus, dass normale zwischenmenschliche Beziehungen durch eine wechselseitige, bidirektionale Beeinflussung des interpersonellen Verhaltens der an der Interaktion beteiligten Personen gekennzeichnet sind. Vereinfacht formuliert: Person A beeinflusst Person B und umgekehrt beeinflusst Person B Person A, sobald beide in Interaktion treten.

In seiner aktuellen Auffassung der Psychopathologie chronisch depressiver Patienten nimmt McCullough (2013, McCullough et al. 2015) an, dass diese Art der wechselseitigen Beeinflussung durch zwei Kernprobleme der chronisch depressiven Person gestört ist und dass diese Kernprobleme wesentlich an der Entwicklung und Aufrechterhaltung der chronisch depressiven Symptomatik beteiligt sind.

## 3.2 Interpersonelles Störungsmodell der chronischen Depression

Das erste Kernproblem chronisch depressiver Patienten besteht darin, dass sie aufgrund ihrer interpersonellen Grundängste ein anhaltend interpersonelles Vermeidungsmuster zeigen (vgl. auch Neudeck et al. 2010). Dieses interpersonelle Angst-Vermeidungsmuster (▶ Abb. 3.1) zeigt sich häufig in zwischenmenschlichem Verhalten, das sich anhand des Kiesler-Kreises (▶ Kap. 5.6) als feindselig-submissiv (im Kontakt nicht spürbar, zurückgezogen und passiv), feindselig (attackierend und distanziert) und/oder feindselig-dominant (herabwürdigen und abwerten) beschreiben lässt. Dieses Verhalten führt in der Regel zu einem Sich-Abwenden der mit dem Depressiven interagierenden Personen. Die chronisch depressive Person selbst zieht sich ebenfalls immer mehr aus ihrem sozialen Umfeld zurück, wenn sie sich nicht schon im Verlauf des Lebens durch eine geringe Grundrate an sozialen Beziehungen ausgezeichnet hat. Positiv erlebte und verstärkende soziale Interaktionen bleiben aus, was zur Aufrechterhaltung der chronischen Depression beiträgt, die wiederum auf die interpersonellen Grundängste und das Vermeidungsverhalten aufrechterhaltend rückwirkt.

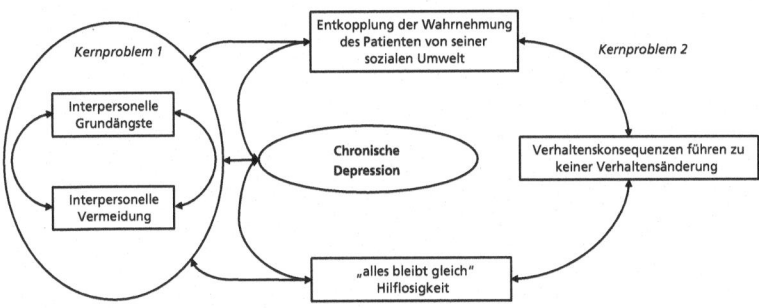

**Abb. 3.1:** Schematische Darstellung der Kernproblematiken der chronischen Depression

Das zweite Kernproblem besteht nach McCullough (2013) in der Entkopplung der Wahrnehmung des Patienten von seiner sozialen Umwelt und deren Folgen (▶ Abb. 3.1). Mit dem Begriff der Wahrnehmungsentkopplung (im Original perceptual disconnection, z. B. McCullough et al. 2015) wird im CBASP sprachlich das Phänomen zu fassen versucht, dass chronisch depressive Patienten sich nicht gewahr sind, dass interpersonelles

Verhalten Konsequenzen auf Seiten des jeweiligen Interaktionspartners hat. Dieses »Sich-nicht-bewusst-sein-dass ...« führt dazu, dass die Konsequenzen des von der chronisch depressiven Person gezeigten Verhaltens zu keiner Verhaltensänderung führen. Das Feedback der interagierenden Person, sei es positiv oder negativ, wirkt nicht verhaltensändernd auf die depressive Person zurück. Sie erlebt sich im zwischenmenschlichen Bereich als ineffektiv, alles scheint so zu bleiben, wie es immer war. Die so erlebte Hilflosigkeit führt in die chronische Depression, hält diese aufrecht und wirkt zugleich in einem aufrechterhaltenden Sinne einerseits auf das interpersonelle Angst-Vermeidungsmuster und andererseits auf die Wahrnehmungsentkopplung zurück.

Vor dem Hintergrund vieler psychotherapeutischer Behandlungen von Patienten mit chronischen Depressionen hat McCullough (z. B. 2000) die mit diesen beiden Kernproblemen in Zusammenhang stehenden Denk- und Interaktionsstile chronisch Depressiver an die Beschreibung der präoperationalen Phase aus der Entwicklungstheorie von Piaget erinnert. Kinder im ca. dritten bis siebten Lebensjahr würden – wie chronisch depressive Patienten – global und prälogisch denken. Ihre Denkprozesse würden sich nicht durch die Argumentation und logische Denkweise anderer beeinflussen lassen. Sowohl Kinder in der präoperationalen Phase als auch chronisch Depressive würden in ihrer Selbst- und Fremdwahrnehmung durchweg ichzentriert sein. Sehr häufig sei die Kommunikation monologisierend und schließlich seien beide Gruppen nicht zu authentischer, interpersoneller Empathie fähig. Die Vergleichbarkeit des Denkens und Verhaltens hat McCullough jedoch nicht generell gesehen, sondern auf Seiten der chronisch depressiven Personen auf den interpersonellen Bereich eingeschränkt. Lediglich im zwischenmenschlichen Bereich zeigen chronisch Depressive eine Unfähigkeit, operativ, d. h. instrumentell in Ziel-Mittel-Relationen zu denken (vgl. auch Caspar et al. 2013).

> **Merke:**
>
> Im CBASP wird davon ausgegangen, dass bei chronisch depressiven Menschen zwei Kernprobleme zur Aufrechterhaltung der Störung beitragen. Zum einen handelt es sich um ein interpersonelles Angst-

## 3.2 Interpersonelles Störungsmodell der chronischen Depression

> Vermeidungsmuster, zum anderen um eine Wahrnehmungsentkopplung, die mit einer zwischenmenschlichen Ineffektivität und folgender Hilflosigkeit einhergeht. Das interpersonelle Funktionieren chronisch Depressiver kann in Analogie zur Entwicklungstheorie von Piaget als der präoperationalen Phase entsprechend beschrieben werden. Diese Analogie ist auf den zwischenmenschlichen Bereich begrenzt.

Unabhängig davon, ob der Vergleich der Psychopathologie chronisch Depressiver mit dem Entwicklungsstadium von Vorschulkindern einer empirischen Überprüfung standhält (siehe hierzu weiter unten), kann sie für Betroffene und CBASP-Therapeuten zwar einerseits irritierend, aber andererseits auch hilfreich sein. Für Betroffene impliziert diese Sichtweise, dass sie mit Hilfe therapeutischer Unterstützung ihre Probleme im Sinne eines Entwicklungsschritts lösen lernen können. Für CBASP-Therapeuten kann es besonders in schwierigen Therapiesituationen, in denen sie beispielsweise von einem monologisierenden Patienten nahezu negiert werden, hilfreich und entlastend sein, wenn sie sich vergegenwärtigen, dass ihr Patient interpersonell gerade auf der Entwicklungsstufe eines Kindergartenkindes interagiert.

McCullough hat die klinisch sehr hilfreiche Beschreibung der Kernprobleme chronisch depressiver Patienten mit der Ätiologieannahme verknüpft, dass die Betroffenen vor dem Hintergrund anhaltender Traumatisierungen wie z. B. emotionaler Missbrauch oder emotionale Vernachlässigung – quasi als Überlebensstrategie – die interpersonellen Eigenarten entwickelt haben (McCullough et al. 2015). Vor allem von Patienten mit Persistierender Depressiver Störung mit frühem Krankheitsbeginn werden entsprechend dieser Annahme Traumatisierungen in Kindheit- und Jugendalter berichtet. Damit wird im Störungsmodell, das CBASP zugrunde liegt, frühen Erfahrungen im sozialen Kontext eine maßgebliche ätiologische Bedeutung beigemessen. Andere Faktoren wie z. B. hereditäre oder neurobiologische Einflüsse werden deshalb natürlich nicht ausgeschlossen (ausführlicher zu diesen Faktoren z. B. bei Walter et al. 2013). McCullough (2000) ging im ursprünglichen CBASP-Therapiemanual noch davon aus, dass auch Patienten, die nach dem 21. Lebensjahr an einer Depression erkranken und deren Depression dann chronifiziert (gegebenenfalls auch ohne frühe Traumatisierungen erlebt zu haben), bedingt durch die lang anhaltende depressive Symptomatik die oben beschriebenen Kernprobleme entwickeln können. In aktuelleren Publikationen (z. B. McCullough et al. 2015) fokussiert sich CBASP jedoch immer stärker auf die Behandlung von chronisch depressiven Patienten, die von frühen Traumatisierungen berichten und deren Psychopathologie sich mit dem dargestellten Störungsmodell inklusive der Bedeutung früher Traumatisierungen verstehen lässt.

> **Merke:**
>
> Frühen Traumatisierungen durch prägende Bezugspersonen kommt im Störungsmodell des CBASP eine zentrale ätiologische Bedeutung zu.

Nimmt man die weiter oben skizzierte wechselseitige Beeinflussung zweier Personen nochmals als Ausgangspunkt, dann hat McCullough die beschriebenen Kernprobleme in einer für die meisten Patienten hilfreichen bildhaften Beschreibung zusammengefasst (z. B. McCullough et al. 2015): Chronisch depressive Patienten erleben sich im zwischenmenschlichen Bereich wie hinter einer Mauer lebend. Sie haben den Eindruck, dass sie andere Personen nicht wirklich erreichen, nicht wirklich beeinflussen können (z. B. um ihre eigenen Ziele realisieren zu können). Zugleich können die Personen des sozialen Umfeldes (u. a. auch der Therapeut zu Beginn der Behandlung) die chronisch depressive Person »hinter der Mauer« nicht wirklich erreichen, sie zu einer Veränderung des Denkens und/oder Verhaltens bewegen.

Metaphorisch gesprochen, besteht somit das therapeutische Ziel im CBASP, die Mauer Stein für Stein abzutragen oder zu durchlöchern und chronisch depressiven Patienten erfahrbar zu machen, dass sie interpersonell Einfluss nehmen können, um ihre eigenen Ziele zu erreichen. Hierzu müssen sie sich erstens trauen lernen (Überwindung des Angst-Vermeidungsmusters), zweitens die Überzeugung gewinnen, dass Einflussnahme möglich ist (Reduktion der Wahrnehmungsentkopplung durch Zunahme der »Perceived Functionality«, ▶ Kap. 5) und schließlich ggf. funktionales interpersonelles Verhalten (u. a. durch die Entwicklung authentischer Empathie) erlernen.

## 3.2.1 Empirische Evidenz

McCullough hat das CBASP-Störungsmodell und die darin enthaltene Ätiologieannahme im Wesentlichen vor dem Hintergrund seiner klinischen Erfahrungen (wie er in seinem aktuellen Buch zeigt, auch persönlichen Erfahrungen, McCullough 2019) formuliert. In den folgenden Ausführungen sollen nun die Ergebnisse empirischer Studien referiert und damit gezeigt werden, ob und inwieweit diese Annahmen einer wissenschaftlichen Prüfung standhalten.

In einer aktuellen Meta-Analyse haben Köhler und Kollegen (2019) sich u. a. mit der Frage beschäftigt, ob der Krankheitsbeginn bei chronischen Depressionen früher liegt als bei nicht-chronisch verlaufenden depressiven Störungen. Sie konnten 17 Studien sichten und stellten fest, dass ca. die Hälfte der Publikationen einen früheren Beginn der chronischen Depression ermittelte, während sich in den anderen Studien keine Unterschiede fanden. Lediglich eine Studie ermittelte einen früheren Erkrankungsbeginn bei der nicht-chronisch depressiven Stichprobe. Auch wenn es nicht explizit eine Annahme des CBASP ist, dass chronisch depressive Personen früher erkranken als nicht-chronisch depressive, spricht diese Datenlage tendenziell für einen früheren Störungsbeginn bei sehr vielen Personen mit Persistierender Depressiver Störung.

Wie oben dargestellt, wird dem Einfluss von Traumatisierungen im Kindheits- und Jugendalter im CBASP-Störungsmodell besondere Bedeutung beigemessen. Unter den englischsprachigen Begriffen Childhood Maltreatment und Adverse Childhood Experiences werden negative Kindheitserfahrungen wie z. B. psychische und physische Vernachlässigung, körperlicher und sexueller Missbrauch, emotionale Vernachlässigung und Missbrauch sowie elterliche Antipathie und Feindseligkeit zusammengefasst (z. B. Kaess et al. 2013, Wiersma und van Schaik 2013).

In einer holländischen Studie mit einer repräsentativen Stichprobe von über 1200 Patienten mit einer aktuellen Major Depression zeigte sich, dass frühe interpersonelle Traumatisierungen mit einem signifikant erhöhten Risiko zur Entwicklung einer chronischen Depression einhergingen (Wiersma et al. 2009). Dabei ergab sich ein Dosiseffekt in dem Sinne, dass je mehr Traumatisierungen berichtet wurden, die Chronifizierung der Depression umso wahrscheinlicher war. Dieses Ergebnis steht weitestgehend in Einklang mit einer aktuellen Meta-Analyse von Nelson et al. (2017), in der insgesamt 184 Studien berücksichtigt werden konnten (es wurden auch Studien mit populationsbasierten Stichproben eingeschlossen, sofern sie Angaben zur Depressivität und frühen Traumatisierungen enthielten): Frühe Traumatisierungen erhöhten deutlich das Risiko, an einer Depression zu erkranken, wobei emotionalem Missbrauch als eine Form der Traumatisierung die größte Bedeutung zukam. Frühe Traumatisierungen gingen zudem mit einem ca. vier Jahre früheren Erkrankungsalter einher. Und schließlich war die Wahrscheinlichkeit eines chronischen Depressionsverlaufs doppelt so hoch, wenn die Studienteilnehmer von frühen Traumatisierungen berichtet hatten. Sehr ähnliche Ergebnisse erbrachte die bereits etwas ältere Meta-Analyse zu derselben Fragestellung (Nanni et al. 2012).

Mehrere Studien haben sich zudem mit der Frage beschäftigt, ob die Rate an berichteten frühen Traumatisierungen bei chronisch Depressiven tatsächlich erhöht ist. Es zeigten sich bis zu 80 % moderate bis schwere, frühe Traumatisierungen bei stationär behandelten chronisch depressiven Patienten (Brakemeier et al. 2015). In einer Stichprobe ambulant behandelter, chronisch depressiver Patienten mit frühem Erkrankungsbeginn lag die Rate bei knapp 75 % (Klein, Erkens et al. 2018), in der bereits zitierten Meta-Analyse von Nelson et al. (2017) wurde über viele Studien hinweg im Vergleich dazu eine Prävalenzrate von knapp 46 % bei depressiven Personen (chronisch und nicht-chronisch) berichtet. Studien, die die Rate an frühen Traumatisierungen von Patienten mit chronischen und nicht-chronischen Depressionen direkt vergleichen, zeigen insgesamt eine uneinheitliche Befundlage. So ergaben sich in der aktuellen Studie von Brakemeier, Dobias et al. (2018) keine Unterschiede zwischen den beiden Depressionsgruppen, auch wenn sich beide Patientengruppen – es handelte sich ausschließlich um Frauen – von gesunden Kontrollprobanden signifikant unterschieden. Patientinnen mit einer Borderline Persönlichkeitsstörung hatten durchweg die höchsten Werte im eingesetzten Fragebogen zur Erhebung der frühen Traumatisierungen. Klein, Stahl et al. (2020) dagegen berichteten von signifikant stärker ausgeprägten frühen Traumatisierungen bei chronisch versus nicht-chronisch depressiven Patienten. Zusammenfassend kommen Köhler und Kollegen (2019) in ihrer Meta-Analyse zum Vergleich von chronisch und nicht-chronisch Depressiven bezüglich der

## 3.2 Interpersonelles Störungsmodell der chronischen Depression

Ausprägung und Häufigkeit früher Traumatisierungen zu dem Schluss, dass die aktuelle Befundlage zu heterogen sei, um daraus Schlüsse ziehen zu können. Möglicherweise ergibt sich eine ähnlich hohe Rate an Traumatisierungen bei nicht-chronisch depressiven Patienten, wenn diese stationär behandelt werden und damit schwer erkrankt sind (vgl. Bauriedl-Schmidt et al. 2017).

Das oben dargestellte, erste Kernproblem chronisch depressiver Personen besagt, dass Betroffene aufgrund erhöhter interpersoneller Grundängste soziale Interaktionen vermehrt vermeiden, wobei McCullough (z. B. 2013) davon ausgeht, dass die Vermeidung sich in einem eher feindseligen Interaktionsstil manifestiert. Klein, Stahl et al. (2020) haben unter Verwendung eines Fragebogens zeigen können, dass chronisch depressive Patienten signifikant mehr interpersonelle Ängste angaben als nicht-chronisch depressive, wobei beide Patientengruppen im Vergleich zu gesunden Kontrollprobanden erhöhte Werte erzielten. Zur Frage, ob chronisch depressive Patienten durch vermehrtes Vermeidungsverhalten zu charakterisieren sind, fanden Brockmeyer, Kulessa et al. (2015) signifikant erhöhte Werte chronisch Depressiver im Vergleich zu episodisch Depressiven und gesunden Kontrollgruppen in einem Fragebogen, der kognitive, behaviorale und soziale Vermeidung erfasste. Insbesondere unterschieden sich chronisch depressive Patienten im Vergleich zu den anderen beiden Gruppen in der selbsteingeschätzten Fähigkeit, über Gefühle zu kommunizieren, in dem Sinne, dass sie sich signifikant geringere Fähigkeiten zuschrieben. Locke und Kollegen (2018) verglichen eine gemischte Gruppe von Patienten mit einer Major Depression, wobei ein Teil der Stichprobe die Kriterien einer Persistierenden Depressiven Störung erfüllte, mit via Internetportal gewonnener Vergleichsstichproben bezüglich dreier Fragebogen zur Erhebung interpersoneller Probleme, Selbstwirksamkeit und Ziele. Es zeigte sich, dass die Depressionsgruppe mehr interpersonelle Probleme berichtete, ausgeprägtere interpersonelle Ziele angab und sich deutlich weniger selbstwirksam im zwischenmenschlichen Bereich einschätzte (Locke et al. 2018). Die interpersonellen Ziele richteten sich vermehrt auf die Vermeidung von Demütigung und Konflikte. Auch die Ergebnisse der aktuellen Meta-Analyse von Bird et al. (2018) steht in Einklang mit der Formulierung des ersten Kernproblems chronisch depressiver Patienten im CBASP. Die Autoren fanden große Effektstärken für einen feindselig-unterwürfigen und unterwürfigen Interaktionsstil bei chronisch Depressiven im Vergleich zu nicht-chronisch Depressiven und eine mittlere Effektstärke für einen feindseligen Interaktionsstil (Bird et al. 2018).

Bezüglich des zweiten, oben dargestellten Kernproblems und des damit in Verbindung gebrachten präoperationalen Denkens haben Kühnen et al. (2011) einen Fragebogen entwickelt und konnten anhand dessen zeigen, dass chronisch depressive Patienten im Vergleich mit episodisch depressiven und gesunden Kontrollprobanden signifikant niedrigere Werte in diesem Instrument erzielten, die einer stärkeren Ausprägung präoperationalem Denken entsprachen. Klein, Stahl et al. (2020) bestätigten unter Einsatz desselben Fragebogens diesen Befund an einer neu befragten Stichprobe. Hinsichtlich der vermuteten geringer ausgeprägten Empathie chronisch Depressiver sprachen die Ergebnisse von Wilbertz et al. (2010) für diese Annahme, wohingegen Domes et al. (2016) keine dysfunktionalere kognitive Empathie von chronisch Depressiven im Vergleich zu episodisch Depressiven ermitteln konnten, wenn auch beide Depressionsgruppen gegenüber gesunden Kontrollprobanden die ungünstigeren Werte zeigten. In bisher drei Studien wurden die im CBASP postulierten Probleme von chronisch depressiven Patienten in die Nähe von Defiziten in der Theory of Mind (ToM) gerückt und untersucht, ob das Ausmaß an ToM bei den Betroffenen reduziert ist, dass chronisch Depressive somit weniger gut in der Lage sein könnten, Annahmen über Bewusstseinsvorgänge anderer Personen wie Gefühle, Annahmen, Absichten etc. zu treffen (van Randenborgh et al. 2012, Wilbertz et al. 2010, Zobel et al. 2010). Wurden bei diesen Studien neurokognitive Defizite wie Beeinträchtigungen der Arbeitsgedächtnisleitungen berücksichtigt, ergaben sich keine statistisch bedeutsamen Unterschiede zwischen den untersuchten Stichproben in maßgeblichen ToM-Variablen. Operationale Definitionen (z. B. in Form von Fragebogen) der von McCullough postulierten Wahrnehmungsentkopplung liegen derzeit (noch) nicht vor, so dass die empirische Überprüfung dieses Konzepts noch aussteht. Zusammenfassend lässt sich somit feststellen, dass es Hinweise zur Untermauerung der Formulierung des zweiten Kernproblems dahingehend gibt, dass chronisch depressive Patienten sich weniger sozial kompetent einschätzen (Domes et al. 2016). In Bezug auf das angenommene Empathiedefizit ist die Befundlage uneinheitlich und lässt keine Schlussfolgerungen zu. Wird das Konzept des präoperationalen Denkens nicht anhand eines Fragebogens (Kühnen et al. 2011, Klein, Stahl et al. 2020) operationalisiert, sondern über Aufgaben zur ToM, fallen die empirischen Überprüfungen tendenziell negativ – in dem Sinne, dass sie die Annahme nicht bestätigen – aus. Schließlich haben Brockmeyer, Zimmermann et al. (2015) die angenommene Tendenz zur Ichzentriertheit chronisch depressiver anhand des Konstruktes der selbstfokussierten Aufmerksamkeit operationalisiert. Sie haben anhand von Textanalysen und dem Auszählen von Personalpronomen während einer autobiografischen Erinnerungsaufgabe untersucht, ob chronisch depressive Patienten häufiger Wörter wie Ich, Mich und Mir verwenden. Es zeigten sich jedoch keine signifikanten Unterschiede zwischen den beiden Depressionsgruppen (chronisch vs. Nicht-chronisch) im Sinne der Annahme.

**Zusammenfassung:**

Die Ergebnisse der aktuell vorliegenden Studien stehen in Einklang mit der Annahme des ersten Kernproblems bei chronisch depressiven Patienten, dass Betroffene ein ausgeprägtes Muster an interpersoneller Angst und Vermeidung aufweisen. Die Studienlage zur Validität des zweiten Kernproblems und der Annahmen von CBASP mit Bezug auf Piagets Konzepte lässt sich gegenwärtig nicht abschließend beurteilen (Caspar et al. 2013). Die Befunde zeichnen ein tendenziell heterogenes Bild.

### 3.2.2 Fazit zum CBASP-Störungsmodell

McCullough hat ein schwerpunktmäßig interpersonelles Störungsmodell der chronischen Depression entwickelt, das klinisch hoch plausibel erscheint. Vor dem Hintergrund früher traumatischer Erfahrungen haben Betroffene einen Interaktionsstil entwickelt, der sie im zwischenmenschlichen Bereich zunächst vor dem negativen Einfluss prägender Bezugspersonen schützt, dann aber in depressives Erleben führt. Anhaltend interpersonelle Grundängste, Vermeidung, Wahrnehmungsentkopplung und soziale Kompetenzdefizite entwickeln sich im Zuge der negativen Erfahrungen und halten die Depression aufrecht.

Die empirische Überprüfung dieses komplexen Modells ergab einige Befunde, die in Übereinstimmung mit den wesentlichen Annahmen des Modells stehen. Studienergebnisse, die die Annahmen des CBASP-Störungsmodells offensichtlich widerlegen, wurden bisher nicht vorgelegt. Es deuten jedoch einige Studienergebnisse darauf hin, dass ein Teil der formulierten Annahmen nicht durchweg und ausschließlich für die chronische Depression Geltung haben, also störungsspezifisch sind. So berichten z. B. viele episodisch depressive Patienten ebenfalls über frühe Traumatisierungen oder weisen Patienten mit einer Borderline Persönlichkeitsstörung höhere Raten an frühen Traumatisierungen auf. Weitere Forschungs- und Konzeptarbeit ist notwendig, um z. B. zu prüfen, ob eine bestimmte Form, das zeitliche Ausmaß oder die Intensität früher Traumatisierungen zu einer Ausgestaltung der jeweiligen Störung beitragen. Gegebenenfalls könnten auch weitere Faktoren wie z. B. kognitive, emotionale, persönlichkeitsspezifische oder (neuro-)biologische in Interaktion mit den traumatisierenden Erfahrungen von störungsspezifischer Bedeutung sein.

# 4 Kernelemente der Diagnostik

CBASP wurde zur Behandlung chronischer Formen unipolarer Depressionen entwickelt. Nur für diese Störungsgruppe liegt ausreichend klinische und wissenschaftliche Evidenz vor (▶ Kap. 10). Die Anwendung von CBASP im konkreten Behandlungsfall macht deshalb die kategoriale Diagnostik der depressiven Störung und deren Chronizität notwendig. Darüber hinaus sollte der Schweregrad der Depression anhand von Selbst- und gegebenenfalls Fremdbeurteilungsinstrumenten im Verlauf der Behandlung immer wieder erfasst werden. Aufgrund der hohen Komorbidität von Patienten mit chronischer Depression sollte zudem auf weitere psychische Störungen wenigstens im Sinne eines Screenings geachtet werden. Vor dem Hintergrund der von McCullough entwickelten Störungstheorie ist es darüber hinaus sinnvoll, zu Beginn der Behandlung fragebogenunterstützt mögliche Traumatisierungen systematisch zu erheben. Schließlich wird empfohlen, nach wenigen Therapiesitzungen die interaktionellen Besonderheiten des jeweiligen Patienten durch den Einsatz des IMI strukturiert zu erfassen.

Im Folgenden soll auf die wichtigsten Aspekte bei der Diagnostik eingegangen werden.

## 4.1 Kategoriale Diagnostik der Persistierenden Depressiven Störung

Die Forschung zu chronischen Formen der Depression im Verlauf der letzten drei Jahrzehnte hat dazu geführt, dass erstmals in der fünften

## 4 Kernelemente der Diagnostik

Auflage des Diagnostischen und Statistischen Manual Psychischer Störungen (DSM-5, APA 2013) ein eigenes Kapitel zur Diagnostik der chronischen Depression aufgenommen wurde. Unter der Diagnose »Persistierende Depressive Störung (Dysthymie)« werden nun die Verlaufstypen

1. mit Reinem Dysthymen Syndrom,
2. mit Persistierender Episode einer Major Depression,
3. mit Intermittierenden Episoden einer Major Depression, mit aktueller Episode
4. mit Intermittierender Episode einer Major Depression, ohne aktuelle Episode (APA 2013)

zusammengefasst. Ihnen gemeinsam ist das definitorische Merkmal, dass die Symptomatik über einen mindestens zweijährigen Zeitraum vorhanden sein muss, jedenfalls darf in dem zweijährigen Zeitraum keine symptomfreie Zeit länger als zwei Monate vorgelegen haben.

In Abbildung 4.1 sind die verschiedenen Verlaufstypen grafisch dargestellt und die korrespondierenden diagnostischen Kategorien aus ICD-10 eingefügt (▶ Abb. 4.1). Wie die Abbildung zeigt, ist bei einem Teil der Verlaufstypen die Vergabe zweier Diagnosen nach ICD-10, nämlich der Dysthymia (F34.1) und der Depressiven Episode (F32.x) bzw. Rezidivierenden Depressiven Störung (F33.x) nötig. Nach aktuellem Kenntnisstand werden auch in ICD-11 Dysthymie und Depressive Episode kodiert werden müssen. Die Einführung des DSM-5-Konzepts der Persistierenden Depressiven Störung scheint nicht vorgesehen zu sein.

Vor dem Hintergrund möglicher komplexer Verlaufsformen beim Vorliegen einer Persistierenden Depressiven Störung ist eine strukturierte Erhebung der kategorialen Diagnose dringend zu empfehlen. Nicht selten kommt es bei einem weniger strukturierten Vorgehen vor, dass erst bei fortgeschrittener Behandlung einer Depressiven Episode deutlich wird, dass bereits vor dem Beginn der Episode eine chronisch depressive Symptomatik im Sinne einer Dysthymia vorhanden war. Klein, Backenstraß et al. (2018) haben einen halbstrukturierten Interviewleitfaden vorgelegt, mit Hilfe dessen sich eine systematische Diagnosestellung vornehmen lässt. In derselben Veröffentlichung finden sich auch, systematisch aufbereitet, Fragen zum Screening weiterer psychischer Störungen,

## 4.1 Kategoriale Diagnostik der Persistierenden Depressiven Störung

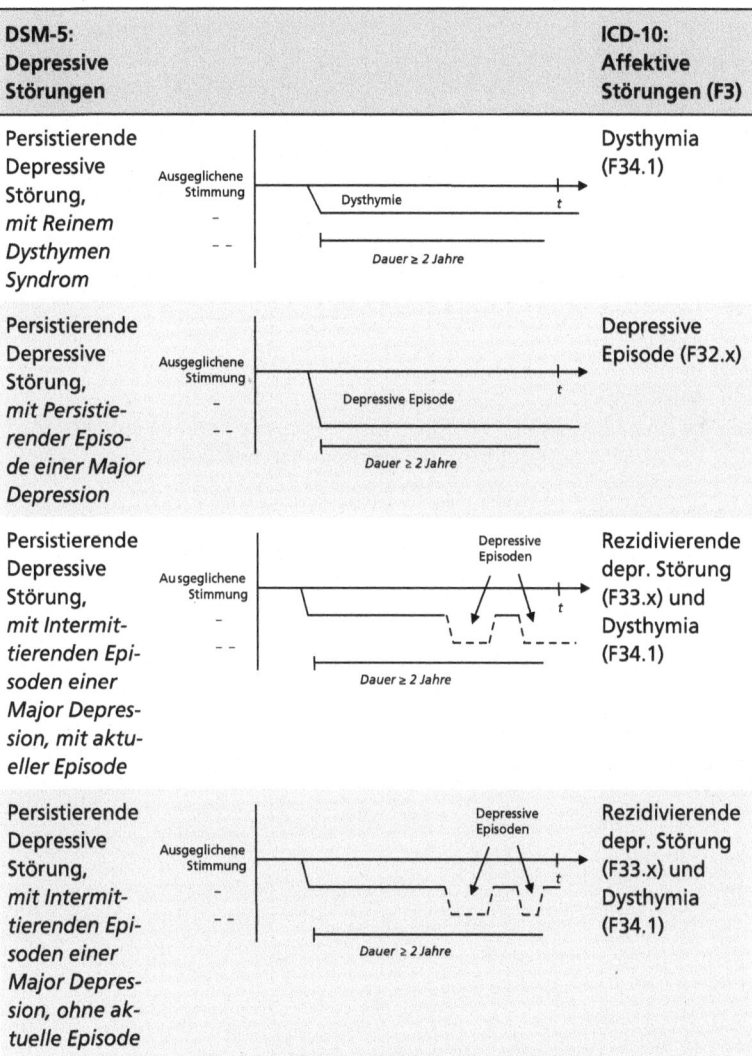

**Abb. 4.1:** Verlaufstypen der Persistierenden Depressiven Störung (aus: Klein/Backenstraß/Schramm, Therapie-Tools CBASP © 2018 PVU Psychologie Verlags Union in der Verlagsgruppe Beltz. Weinheim Basel)

## 4 Kernelemente der Diagnostik

| DSM-5: Depressive Störungen | ICD-10: Affektive Störungen (F3) |
|---|---|
| Persistierende Depressive Störung, mit Intermittierenden Episoden einer Major Depression, mit aktueller Episode | Dysthymia (F34.1) und Depressive Episode (F32.x) »Double Depression« |

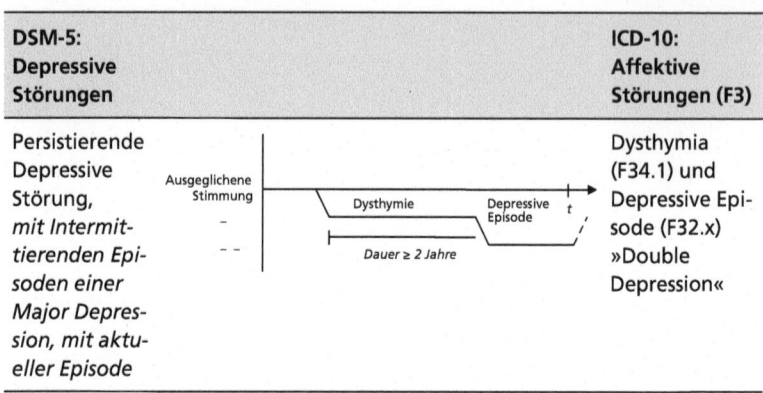

Abb. 4.1: Verlaufstypen der Persistierenden Depressiven Störung (aus: Klein/Backenstraß/Schramm, Therapie-Tools CBASP © 2018 PVU Psychologie Verlags Union in der Verlagsgruppe Beltz. Weinheim Basel) – Fortsetzung

inklusive Persönlichkeitsstörungen. Bei Hinweisen auf das Vorliegen von einer oder mehreren weiteren psychischen Störungen sollte die Durchführung eines Strukturierten Interviews (z. B. SCID-5-CV, Beesdo-Baum et al. 2019a) in Erwägung gezogen werden.

**Merke:**

Es ist dringend zu empfehlen, beim Vorliegen einer unipolaren depressiven Episode in Richtung chronischer Verlauf der Störung zu explorieren und bei Verdacht auf einen solchen Verlauf systematisch die Kriterien der Persistierenden Depressiven Störung zu überprüfen.

## 4.2 Dimensionale Diagnostik des Schweregrads der Störung

Neben der kategorialen Diagnostik der chronischen Depression sollte der Schweregrad der Symptomatik mit entsprechenden Erhebungsinstrumenten erfasst werden. Es empfehlen sich an dieser Stelle mehrere Instrumente, die sich in einer Vielzahl von Studien und über einen langen Zeitraum in der klinischen Praxis bewährt haben (vgl. Hölzel et al. 2017). Selbstverständlich reicht es in der Regel aus, eines dieser Instrumente einzusetzen. Zu nennen wären z. b. das Beck Depressions-Inventar (BDI-II; Hautzinger et al. 2006) oder das Quick Inventory of Depressive Symptomatology (QIDS; siehe bei Klein, Backenstraß et al. 2018). Es empfiehlt sich, nicht nur zu Therapiebeginn, sondern wiederholt im Therapieverlauf die Patienten via Selbstbeurteilungsinstrument den Schweregrad ihrer Symptomatik einschätzen zu lassen und bei Stagnation des Therapieerfolgs im Sinne einer persistierenden Symptomatik diese Beobachtung direkt zum Gegenstand des therapeutischen Gesprächs zu machen.

Ergänzend zur Selbstbeurteilung der Patienten kann zu Therapiebeginn und -abschluss ein Fremdbeurteilungsinstrument eingesetzt werden. Auch für die Fremdbeurteilung liegen zwischenzeitlich mehrere gut evaluierte Instrumente wie z. B. die Hamilton-Depression-Rating-Skala (HAMD; siehe bei Hölzel et al. 2017) oder die Bech-Rafaelsen-Melancholie-Skala (BRMS, ebenfalls bei Hölzel et al. 2017) vor.

## 4.3 Systematische Erhebung von traumatischen Erfahrungen

Vor dem Hintergrund der Tatsache, dass viele Patienten, die unter einer Persistierenden Depressiven Störung leiden, in Kindheit und/oder Jugend traumatische Erfahrungen machen mussten, ist es sinnvoll, zu Beginn einer CBASP-Behandlung systematisch nach solchen Erfahrungen zu fragen. In vielen der im Kapitel zur wissenschaftlichen Evidenz aufgelisteten Therapiestudien (▶ Kap. 10) ist der Childhood Trauma Questionnaire in seiner Kurzform (CTQ-SF, Bernstein et al. 2003) eingesetzt worden, der sich auch in der klinischen Routine anwenden lässt. Der CTQ-SF besteht aus insgesamt 25 Items, die auf fünf Skalen aufaddiert werden. Es handelt sich um die Skalen Emotionale Vernachlässigung, Körperliche Vernachlässigung, Emotionaler Missbrauch, Körperliche Misshandlung und Sexueller Missbrauch.

## 4.4 Diagnostik interpersoneller Probleme

Entsprechend der Modellannahmen von McCullough (1984, 2013) handelt es sich bei der chronischen Depression schwerpunktmäßig um eine Störung, die sich in den interpersonellen Beziehungen der Betroffenen niederschlägt. Obwohl nicht explizit im Rahmen des CBASP-Manuals erwähnt (McCullough 2000), erscheint es sinnvoll, dass der CBASP-Therapeut sich einen systematischen Überblick über die interpersonellen Probleme seines chronisch depressiven Patienten verschafft. Es kann hierzu auf das psychometrisch und in vielen Studien gut bewährte Inventar zur Erfassung interpersonaler Probleme (IIP-D; Horowitz et al. 2016) zurückgegriffen werden.

Das IIP-D liegt in seiner aktualisierten Form in einer 64- und einer 32-Item-Version vor. Der Vorteil des IIP-D ist es, dass für beide Item-Versionen bevölkerungsrepräsentative Normwerte vorliegen. Die Werte der 32 bzw. 64 Items werden zu acht Skalen aufsummiert, die in einem interpersonellen Circumplex angeordnet sind und damit konzeptuell dem im Folgenden dargestellten Impact Message Inventory (IMI, Kiesler und Schmidt 1993) sehr ähneln. Die IIP-Skalen lauten: zu autokratisch/dominant, zu streitsüchtig/konkurrierend, zu abweisend/kalt, zu introvertiert/sozial vermeidend, zu selbstunsicher/unterwürfig, zu ausnutzbar/nachgiebig, zu fürsorglich/freundlich, zu expressiv/aufdringlich. Nach Auswertung des vom Patienten ausgefüllten Fragebogens ergibt sich auf jeder dieser Skalen ein individueller Wert, der die interpersonalen Probleme quantifiziert.

Wie im Kapitel »Wissenschaftliche und klinische Evidenz« ausführlicher gezeigt wird (▶ Kap. 10), gibt es erste Hinweise darauf, dass mit spezifischen Ausprägungen auf den Skalen des IIP die differentielle Wirksamkeit von CBASP im Vergleich mit anderen Therapieverfahren vorhergesagt werden kann (Probst et al. 2020).

## 4.5 Den Stimuluscharakter des Patienten identifizieren

McCullough (2000) empfiehlt, nach der ca. zweiten Therapiesitzung die Bearbeitung des Impact Message Inventory (IMI, Kiesler und Schmidt 1993, dt. Version Caspar et al. 2016) durch den Therapeuten. Die deutsche Version des IMI kann über folgenden Link kostenfrei heruntergeladen werden: www.mindgarden.com/documents/IMI-German.pdf. Mit Hilfe des IMI wird der »Stimuluscharakter« (im engl. Original »stimulus value«), also die Art und Weise, wie der Patient von seinem Therapeuten in seinem interpersonellen Verhalten wahrgenommen wird, eingeschätzt. Es handelt sich somit um eine Fremdeinschätzung der interpersonellen Eigenschaften des Patienten durch den Therapeuten, bei der das eigene Erleben (z. B. »Ich möchte mit ihm nicht allzu viel zu tun haben«, Item 31) berücksichtigt wird. Das IMI basiert auf der von Kiesler (1996) ausgearbeiteten interpersonellen Theorie, die besagt, dass sich interpersonelle Eigenschaften und Verhalten auf zwei voneinander unabhängigen Dimensionen abbilden lassen. Auf der vertikalen Achse bildet sich interpersonelle Dominanz/Kontrolle ab. Sie erstreckt sich im sog. Kiesler-Kreis von den Polen »unterwürfig« (oder auch »submissiv«) am unteren Ende bis zu »dominant« am oberen Ende (▶ Abb. 4.2). Die horizontale Achse, meist Affiliation genannt, reicht von »feindselig« auf der linken Seite bis »freundlich« am rechten Polende. Die beiden senkrecht zueinander stehenden Achsen werden nun durch ein weiteres Achsenkreuz im Rotationswinkel von 45° ergänzt. Die Polenden dieser Achsen sind mit den Wortverknüpfungen der beiden bereits eingeführten Dimensionen benannt, also z. B. mit »freundlich-dominant« (▶ Abb. 4.2). Wichtig ist nun die Annahme der interpersonellen Komplementarität. Sie besagt, wenn ein Interaktionspartner »freundlich-dominant« agiert, dass dann der andere Interaktionspartner in einer Dyade mit hoher Wahrscheinlichkeit mit »freundlich-unterwürfig(em)« Verhalten reagiert. Das bedeutet, dass der reagierende Interaktionspartner im Kiesler-Kreis auf derselben Seite der Affiliationsachse bleibt (vereinfacht ausgedrückt: freundlich bleibt freundlich, feindselig bleibt feindselig), jedoch auf der Dominanzachse in Richtung des gegenüberliegenden Pols wechselt (von dominant zu unterwürfig und von unterwürfig zu dominant).

Das IMI besteht aus insgesamt 64 Items, die auf acht Skalen aufaddiert werden. Diese Skalen werden, wie diejenigen des IIP-D, auf einem interpersonellen Circumplex, hier dem Kiesler-Kreis (Kiesler und Schmidt 1993), angeordnet. Eine jede der acht Skalen reicht somit vom Zentrum des Kreises bis zu dessen Umfang.

Der durch die IMI-Bearbeitung und auf dem Kiesler-Kreis dargestellte Stimuluscharakter des Patienten – also die Summe seiner vom Therapeuten wahrgenommenen interpersonellen Eigenschaften – kann nun expliziter in der Therapieplanung berücksichtigt werden. In Abbildung 4.2 ist beispielsweise das Ergebnis zu einer 23-jährigen, an einer Persistierenden Depressiven Störung leidenden Patientin dargestellt (▶ Abb. 4.2). Es ist zu sehen, dass sie vor allem auf den Skalen im unteren Bereich des Kiesler-Kreises hohe Werte erreicht. Dies deutet darauf hin, dass sie eine ausgeprägte Neigung dazu hat, sich unterwürfig zu verhalten, sei es durch ein zum Teil feindselig-unterwürfiges Verhalten, z. B. durch ein In-Sich-Zurückziehen, oder auch durch ein zum Teil freundlich-unterwürfiges Verhalten im Sinne eines freundlichen und eher kritiklosen Umsetzens der Vorgaben anderer Menschen. Für die weitere Planung des CBASP-Therapeuten bedeutet dies, darauf zu achten, die therapeutische Beziehung nicht einfach nur zu dominieren bzw. zu kontrollieren, sondern der Patientin explizit die Möglichkeit zu dominierendem, kontrollierendem Verhalten einzuräumen (z. B. bei dem Äußern eines Wunsches, was in der laufenden Therapiesitzung besprochen werden sollte, darauf eingehen, auch wenn die Agenda des Therapeuten etwas anderes vorsieht).

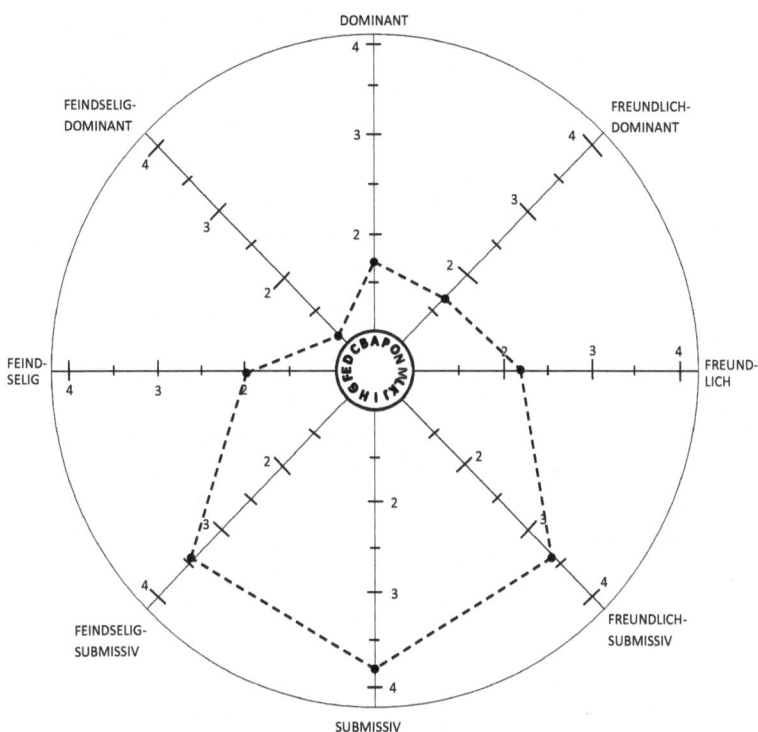

**Abb. 4.2:** »Stimuluscharakter« einer 23-jährigen Patientin zu Therapiebeginn auf dem Kiesler-Kreis (McCullough JP, Goldfried MR (2000) Treatment for Chronic Depression. Cognitive Behavioral Analysis System of Psychotherapy (CBASP). © Guilford Press. Abdruck mit freundlicher Genehmigung von The Guilford Press.)

## 4.6 Bewertung des vom Patienten Gelernten

Im Kapitel zur Entwicklungsgeschichte des CBASP ist angeklungen, dass McCullough ein wissenschaftlich basiertes Vorgehen, bei dem Therapieeffekte quantifiziert abgebildet werden, besonders präferiert. Vor diesem Hintergrund ist zu verstehen, dass er zur Beurteilung, ob ein Patient die Situationsanalyse (▶ Kap. 5.4) selbstständig durchführen kann, eine Bewertungsskala entwickelt hat (McCullough 2000, 2006b). Die Patient Performance Rating Form (PPRF) besteht aus insgesamt acht Items, inklusive dem einfach zu berechnenden Gesamtwert. Die ersten fünf Items beziehen sich auf einzelne Schritte der Situationsanalyse. Es folgt die Bildung des Gesamtwertes über die ersten fünf Items, der dann in einen Prozentwert umgewandelt wird (wie viel Prozent der Situationsanalyse kann der Patient selbstständig und richtig durchführen?). Item Nr. 7 und 8 beziehen sich dann auf die Bewertung des Ergebnisses der Situationsanalyse, wobei diese Items dem Schritt sechs der Situationsanalyse entsprechen (▶ Kasten 5.1). Am Ende jeder CBASP-Therapiesitzung hält der Therapeut mit Hilfe der PPRF fest, ob und in welchem Maße der Patient in der Lage ist, die Situationsanalyse durchzuführen.

# 5 Kernelemente der Therapie

CBASP besteht aus wenigen therapeutischen Maßnahmen, die stringent aus der Störungstheorie hergeleitet sind (▶ Kap. 3). Die zentralen Ziele aller CBASP-Techniken und -Strategien sind (1) die »perceived functionality« zu steigern, bzw. das in der deutschen Übersetzung als Wahrnehmungsentkopplung bezeichnete Defizit zu überwinden und (2) das interpersonelle Angst-Vermeidungsmuster zu schwächen (McCullough 2000, McCullough et al. 2015, McCullough 2006b). Besondere Bedeutung kommt im CBASP dabei der therapeutischen Beziehung zu (McCullough 2012), die in besonderer Weise von einer persönlichen Gestaltung durch den Therapeuten gekennzeichnet ist. Chronisch depressive Patienten sollen – sowohl durch spezifische Übungen als auch durch die persönliche Gestaltung der therapeutischen Beziehung – lernen, dass ihr gezeigtes interpersonelles Verhalten (in der Regel) eine Auswirkung auf das Erleben und Verhalten der Interaktionspartner hat. Sie sollen zudem lernen, mit welchem interpersonellen Verhalten sie die von ihnen beabsichtigten Ziele am wahrscheinlichsten erreichen können. So kann es ihnen gelingen, das chronische Hilf- und Hoffnungslosigkeitserleben zu überwinden sowie befriedigendere zwischenmenschliche Beziehungen zu leben. Bevor im Folgenden die einzelnen CBASP-Strategien und die Gestaltung der therapeutischen Beziehung ausführlicher beschrieben werden, soll die Integration der Strategien im zeitlichen Ablauf schematisch illustriert werden.

# 5 Kernelemente der Therapie

## 5.1 Zeitliche Struktur

CBASP als ambulante Einzeltherapie kann grob in drei Phasen gegliedert werden (▶ Tab. 5.1). Dabei kann sich die Gesamttherapiedauer über 25 bis 50 Sitzungen erstrecken. Die Angaben zu den Sitzungszahlen in Abbildung 5.1 sind als grobe Orientierung zu verstehen. Beispielsweise kann sich eine komplexere Diagnostik gemeinsam mit einer allgemeinen Anamnese und der Vermittlung des Störungsmodells über mehr als ein bis zwei Sitzungen ausdehnen. Zur Unterstützung der Psychoedukation empfiehlt McCullough nach Formulierung der Übertragungshypothese die Aushändigung des von ihm verfassten Patientenmanuals (McCullough 2003). Klein, Backenstraß et al. (2018) haben wenige Seiten zur Weitergabe an CBASP-Patienten verfasst, die sich ebenfalls zur Unterstützung der Aufklärung über die Diagnose chronische Depression und das Therapieverfahren CBASP gut eignen. Die erste, abgrenzbare Phase endet mit der Formulierung der Übertragungshypothese nach der Erhebung der Liste der prägenden Bezugspersonen.

Die Hauptphase der Behandlung besteht im Mittel bis zu 75 % aus der Durchführung von Situationsanalysen, die, wenn es sich ergibt (siehe weiter unten), durch Interpersonelle Diskriminationsübungen und Kontingent Persönliche Reaktionen des Therapeuten ergänzt werden. Die Dauer dieser Behandlungsphase hängt davon ab, wie gut der Patient dieses Vorgehen gelernt und selbstständig umsetzen kann.

Wie in psychotherapeutischen Behandlungen üblich sollte auch im Rahmen einer Therapie mit CBASP auf das Therapieende vorbereitet werden. Hier spielt die Auffassung der chronischen Depression als lebenslange Erkrankung eine Rolle, die in den meisten Fällen nicht vollständig geheilt werden kann (McCullough 2013). Gerade vor diesem Hintergrund sollte das Gelernte zusammengefasst und für den Patienten langfristig verfügbar aufbereitet werden. Im Sinne einer Rückfallprophylaxe ist es damit für den Patienten schneller möglich, auf gelernte Techniken, wie z. B. die Situationsanalyse, im Krisenfall zurückzugreifen.

Tab. 5.1: Zeitlich strukturierter Ablauf einer CBASP-Einzeltherapie

| Phase | | Sitzungen | Inhalte/CBASP-Interventionen |
|---|---|---|---|
| Zeitachse | Einführung | 1–2 | • Anamneseerhebung<br>• Diagnostik (kategorial, Schweregrad)<br>• Störungsmodell vermitteln/Psychoedukation |
| | | 3–4 | • Liste der prägenden Bezugspersonen erheben<br>• Übertragungshypothese formulieren |
| | Behandlung i.e.S. | 5–x | • Situationsanalysen<br>• Ggf. Zukunftssituationsanalysen beides mit Fertigkeiten-Training (Rollenspiele)<br>• Interpersonelle Diskriminationsübungen<br>• Kontingent persönliche Reaktionen des Therapeuten |
| | Abschied | Letzte 2–3 | • Vorbereitung auf das Therapieende<br>• Zusammenfassen des Gelernten<br>• Rückfallprophylaxe |

Anmerkung: i.e.S = im engeren Sinn

## 5.2 Liste der prägenden Bezugspersonen

Nach der Durchführung der Diagnostik und der Anamneseerhebung beginnt die CBASP-Behandlung im engeren Sinne mit der Erhebung der Liste der prägenden Bezugspersonen (im Original »signifcant other history«). Mit dieser Aufgabe wird das zentrale Ziel verfolgt, die Beziehungserwartungen des Patienten früh im therapeutischen Prozess zu erheben und damit für die weitere Behandlung verfügbar zu machen. Sie dient in erster Linie dem CBASP-Therapeuten dahingehend, dass dieser vermuten kann, was er *interpersonell* von dem konkreten Patienten, mit dem er gerade arbeitet, im weiteren Verlauf erwarten kann (McCullough et al. 2015). Deshalb wird im Anschluss an die Erhebung der Liste der prägenden Bezugspersonen auch die Übertragungshypothese formuliert.

Tiefgreifende Beziehungserfahrungen machen die allermeisten Menschen mit ihren Eltern. Weitere prägende Bezugspersonen können Geschwister, Großeltern, Schulkameraden und Freunde, Lehrer, Sporttrainer, Ausbilder sein, also Personen, mit denen der Patient während seiner Kindheit und Jugend viel zu tun hatte. Es können aber auch später im Lebenslauf hinzukommende Personen, wie z. B. Partner und Ehegatten oder sogar eigene Kinder zu prägenden Bezugspersonen werden. Wichtig ist, nicht Personengruppen als prägende Bezugspersonen auf die Liste aufzunehmen (z. B. die Clique in der Klasse), da die Patienten lernen sollen, zwischen einzelnen Menschen zu unterscheiden. Der Therapeut bittet seinen Patienten, vier bis sechs Menschen zu benennen, die als prägende Bezugspersonen sein Leben beeinflusst haben. Es kann vorkommen, dass Patienten weniger als vier Personen benennen können. Dies kann und sollte, sofern die Angaben vor dem jeweils individuellen Hintergrund nachvollziehbar sind, so akzeptiert werden. Manchmal werden mehr als sechs Personen genannt. In diesem Fall hat es sich als sinnvoll erwiesen, die Liste nach fünf oder sechs Personen zu »schließen«, da sich die zentralen Beziehungserfahrungen zu in der Liste vorher aufgeführten Personen wiederholen.

Der Therapeut kann wie folgt in die Thematik einleiten:
»Ich möchte mit Ihnen heute über die Sie prägenden Bezugspersonen sprechen. Darf ich Sie hierfür bitten, auf Ihr bisheriges Leben zurückzublicken und mir diejenigen Menschen zu nennen, die Ihrer Meinung nach den größten Einfluss auf Ihren Lebensweg hatten? Jeder hat Freunde oder Bekannte. Die prägenden Bezugspersonen sind aber mehr als einfach nur Bekannte oder Freunde. Es sind Menschen, die einen großen Einfluss auf Sie hatten, deren Einfluss Ihr Leben geformt hat, die sozusagen ihre Spur oder einen Stempel auf Ihnen hinterlassen haben. Es ist wichtig, dass Sie dabei beachten, dass die Einflüsse negativ oder positiv, gut oder schlecht, schmerzhaft oder hilfreich gewesen sein können. Nennen Sie mir jetzt bitte diese Menschen! Ich schreibe sie auf und wir gehen dann gemeinsam die Liste durch, so dass Sie mir mehr von den Personen erzählen können.«

Zur Strukturierung der Aufgabe sollte der Therapeut darauf achten, dass zuerst die prägenden Bezugspersonen benannt und gelistet werden, erst

## 5.2 Liste der prägenden Bezugspersonen

danach gehen Patient und Therapeut die einzelnen Personen auf der Liste durch. Es ist hierfür hilfreich, die Personen entweder auf eine Flip-Chart zu schreiben oder ein Arbeitsblatt, wie es beispielsweise Klein, Backenstraß et al. (2018) vorgelegt haben, zu verwenden. Gerade vor dem Hintergrund, dass in der Regel nicht alle Personen auf der Liste in einer einzigen Therapiesitzung besprochen werden können, ist es wichtig, die Bezugspersonen aufzuschreiben, damit in der folgenden Sitzung direkt angeknüpft werden kann.

Der Therapeut führt mit freundlicher Direktive durch die Liste. Er stellt bei jeder Bezugsperson von neuem die Frage: »Wie war es, im Umfeld mit dieser Person aufzuwachsen oder mit ihr zusammen zu sein?«. Und weiter fragt der Therapeut: »Was waren Erfahrungen mit dieser Bezugsperson, die Sie nachhaltig geprägt haben?«. Der Therapeut sollte sich vergegenwärtigen, dass es an dieser Stelle *nicht* seine Aufgabe ist, den Patienten zu einer vertieften emotionalen Verarbeitung durch entsprechende Fragen oder durch die Wiederholung emotionaler Erlebnisinhalte (im Sinne der Gesprächspsychotherapie) anzuleiten. Trotzdem sollte er kurz zusammenfassen, was der Patient über die jeweilige Bezugsperson erzählt hat.

Danach bittet der Therapeut seinen Patienten, eine kausale Schlussfolgerung bezüglich des Einflusses der prägenden Bezugsperson auf sein Leben abzuleiten. Diese kann mit Fragen vorbereitet werden, wie beispielsweise: »Welche Auswirkungen hatte das Verhalten Ihrer Mutter (der Bezugsperson) auf Ihr Leben? Inwiefern ist Ihr Leben von Ihrer Mutter (der Bezugsperson) beeinflusst?«. Es geht dann im Weiteren um eine ganz konkrete Aussage des Patienten darüber, welche Eigenschaft, die ihn im gegenwärtigen Leben kennzeichnet, er aufgrund der Erfahrung mit der Bezugsperson hat. Im CBASP wird diese Aussage als »Prägung« oder »Stempel« bezeichnet und als solche explizit notiert. So könnte ein Patient die Prägung äußern »Ich möchte nicht, dass jemand mitbekommt, wie es mir geht«. (Siehe auch unten die konkrete Anwendung im Klinischen Fallbeispiel, ▶ Kap. 6)

Die Übung der Erhebung der Liste der prägenden Bezugspersonen ist dann beendet, wenn vier bis sechs Personen aufgelistet und für jede dieser Personen besprochen ist, wie die Erfahrungen mit diesen Personen war (noch immer ist) und welchen Einfluss diese Personen auf den Patienten (Formulierung der Prägung/des Stempels) hatte. Das Besprochene ist entweder zusammengefasst auf der Flip-Chart oder auf einem Arbeitsblatt notiert.

> **Merke:**
>
> Die Erhebung der Liste der prägenden Bezugspersonen hat das Ziel, die Prägungen des Patienten durch seine Bezugspersonen strukturiert und fokussiert zu erheben, um mit den gewonnenen Informationen Hypothesen zu den zentralen Beziehungserwartungen formulieren zu können.

Die klinische Erfahrung zeigt, dass es für viele chronisch depressive Patienten belastend ist, über ihre Erfahrungen mit prägenden Bezugspersonen zu berichten (vgl. auch Brakemeier, Herzog et al. 2018). Nicht selten kommt es vor, dass sich Patienten Erinnerungen an negative Ereignisse ins Bewusstsein rufen, die sie versucht haben, zu vergessen. Dies sollte bei der Erhebung der Liste der prägenden Bezugspersonen berücksichtigt und die Patienten beim Auftreten belastender Erinnerungen entsprechend unterstützt werden (z. B. durch entsprechendes Nachfragen und/oder ausreichend Zeit vor Beendigung der Therapiesitzung zur Verfügung stellen).

## 5.3 Übertragungshypothese

McCullough (2000) hat mit dem Übertragungsbegriff ein wichtiges Konzept der Psychoanalyse bzw. psychodynamischer Therapieformen in CBASP eingeführt. Die Konzeptualisierung, Verwendung und Berücksichtigung der Übertragung unterscheidet sich jedoch im CBASP von psychoanalytischen Ansätzen, auch wenn berücksichtigt wird, dass verschiedene psychoanalytische Schulen unterschiedliche Schwerpunktsetzungen bei der Verwendung des Übertragungskonzepts aufzeigen (siehe z. B. bei Bettighofer 2020, Sandler et al. 2015). Gemeinsam ist allen Ansätzen, die

## 5.3 Übertragungshypothese

mit dem Übertragungskonzept arbeiten, also auch CBASP, dass sie der Beziehung zwischen Patient und Therapeut besondere Bedeutung beimessen. Zudem gehen alle Ansätze davon aus, dass die aktuelle Beziehungsgestaltung zwischen Therapeut und Patient maßgeblich von früheren Beziehungserfahrungen der Patienten mit beeinflusst wird. CBASP unterscheidet sich nun darin, dass der Therapeut proaktiv – wie McCullough (2000) es nennt – Informationen zielgerichtet im Rahmen der Liste der prägenden Bezugspersonen erfragt und Vermutungen zum Übertragungserleben in der Übertragungshypothese formuliert. Die Übertragungshypothese kann und wird somit relativ früh im therapeutischen Prozess formuliert. Darüber hinaus unterscheidet sich CBASP im weiteren Umgang mit Übertragungsphänomenen im Vergleich zu psychoanalytischen Ansätzen. Im CBASP wird auf Deutungen vollständig verzichtet, vielmehr leitet der Therapeut im Rahmen der weiter unten ausführlicher beschriebenen Interpersonellen Diskriminationsübung seinen Patienten dazu an, zwischen dem Verhalten früherer Bezugspersonen und dem von ihm selbst (dem Therapeuten) gezeigten Verhalten zu unterscheiden.

Die Informationen, die im Rahmen der Liste der prägenden Bezugspersonen gesammelt werden, und das bis zu diesem Zeitpunkt gezeigte interpersonelle Verhalten des Patienten sind also Ausgangspunkt für die Formulierung der Übertragungshypothese. Die Übertragungshypothese kann somit erst nach Abschluss der Bearbeitung der Liste der prägenden Bezugspersonen formuliert werden. Da eine Zusammenschau der bisherigen Informationen erfolgen muss, ist es günstig, wenn der Abschluss der Liste der prägenden Bezugspersonen auf das Ende der Therapiesitzung fällt. Der Therapeut hat dann bis zur nächsten Sitzung Zeit, über die interpersonelle Thematik seines Patienten nachzudenken und die Übertragungshypothese vorzubereiten.

Auf der Basis seiner klinischen Erfahrung hat McCullough (2000) vorgeschlagen, die in Tabelle 5.2 aufgelisteten Übertragungsbereiche bei der Formulierung der Hypothese zu berücksichtigen (▶ Tab. 5.2). Es handelt sich bei diesen Bereichen nicht um disjunkte Konzepte. Sie sind nicht empirisch-statistisch (z. B. faktoren- oder clusteranalytisch) fundiert und sollen lediglich als grobe Orientierung zur Verdichtung der Information dienen. Die Übertragungsbereiche können auch bei der Erhebung der Liste prägender Bezugspersonen als Orientierungshilfe dienen, wenn der jeweilige Patient nur sehr wenig über eine konkrete Bezugsperson berichten kann. In diesem Fall kann der Therapeut z. B. unterstützend fragen, wie sich die Bezugsperson verhalten habe, wenn ihm ein Fehler unterlaufen sei oder er beispielsweise bei einer Klassenarbeit in der Schule eine schlechte Note geschrieben habe (Bereich »Fehler, Versagen«).

**Tab. 5.2:** Übertragungsbereiche/emotionale Brennpunkte im CBASP

| Übertragungsbereich | Beispiele für Verhaltensweisen des Patienten, durch die der jeweilige Übertragungsbereich »aktiviert« wird |
|---|---|
| Fehler, Versagen | • Therapeutische Aufgaben zwischen den Sitzungen vergessen<br>• Zum Termin zu spät gekommen<br>• Termin vergessen |
| Nähe, Vertrautheit | • Trauer zeigen, weinen<br>• Etwas sehr Persönliches mitteilen, z. B. aus dem Bereich Sexualität |
| (Emotionale) Bedürfnisse | • Um emotionale Unterstützung bitten<br>• Um Terminverschiebung bitten |
| Ausdruck negativen Affekts | • Dem Therapeuten sagen, dass man sich über seine Aussage geärgert hat<br>• Dem Therapeuten sagen, dass einem etwas nicht gefällt |

Es ist vorgesehen, trotz all der Informationen und der Prägungen durch mehrere Personen sowie der vier Übertragungsbereiche lediglich eine Übertragungshypothese pro Patient zu formulieren. Im CBASP wird damit eine Fokussierung auf das bedeutsamste interpersonelle Thema angestrebt. Die zu formulierende Übertragungshypothese sollte der formalen Form entsprechen: »Wenn ich (Patient) dies oder jenes tue, dann wird mein Therapeut soundso reagieren«. In Tabelle 5.3 sind zur besseren Veranschaulichung konkrete Beispiele für Übertragungshypothesen pro Übertragungsbereich aufgeführt (▶ Tab. 5.3). Es wird deutlich, dass die konkrete Person des Therapeuten namentlich in der Übertragungshypothese auftauchen sollte, da es ja um das konkrete Beziehungserleben des Patienten in der therapeutischen Beziehung geht. Die aufgeführten Beispiele verdeutlichen zudem, dass es im Kern um Ängste des Patienten in Bezug auf das Beziehungserleben zum Therapeuten geht.

**Tab. 5.3:** Beispiele für Übertagungshypothesen

| Übertragungsbereich | Mögliche Übertragungshypothesen |
| --- | --- |
| Fehler, Versagen | »Wenn ich einen Fehler mache, dann wird Herr Keller (Name des Therapeuten) sehr enttäuscht sein, mich für einen Versager halten und mich in meiner Therapie nicht mehr unterstützen.« |
| Nähe, Vertrautheit | »Wenn ich mich verletzlich zeige, dann wird Herr Keller mich ausnützen wollen und unangemessene Dinge von mir verlangen.« |
| (Emotionale) Bedürfnisse | »Wenn ich Herrn Keller sage, was ich wirklich brauche, wird er sich lustig machen und mich für blöd halten.« |
| Ausdruck negativen Affekts | »Wenn ich Herrn Keller sage, dass ich mich über seine Reaktion geärgert habe, dann wird er mich zurechtweisen und die Therapie schnell beenden.« |

Wie bereits erwähnt, bereitet der Therapeut die Formulierung der Übertragungshypothese in dem Sinne vor, dass er sich überlegt, in welchem Übertragungsbereich am wahrscheinlichsten die interpersonelle Thematik des Patienten zu verorten ist. Auch wenn einige Patienten mit einer weitestgehend selbstständigen Formulierung der Übertragungshypothese überfordert sind, sollte versucht werden, gemeinsam mit dem Patienten die Übertragungshypothese herzuleiten. Der Therapeut kann – um den »Faden« zu der Liste der prägenden Bezugspersonen wieder aufzunehmen – darauf hinweisen, dass frühere Beziehungserfahrungen sich auf aktuelle Beziehungen auswirken können. Er kann dann die Frage stellen, ob der Patient angesichts seiner Prägungen/Stempel Vermutungen habe, was in der Therapie passieren müsse, dass alte Erfahrungen wieder relevant werden könnten. Gegebenenfalls kann der Therapeut auch Beispiele aus anderen Bereichen nennen. Formulierungen des Patienten, die in die gewünschte

Richtung einer CBASP-Übertragungshypothese (▶ Tab. 5.3) gehen, können dann vom Therapeuten aufgegriffen und im Sinne des Shapings (einem kleinschrittigen Aufgreifen und Verstärken von Vorschlägen, die in die Lösungsrichtung führen) mit dem Patienten gemeinsam ausformuliert werden. Wichtig ist, dass am Ende dieses Prozesses eine Übertragungshypothese formuliert ist. Diese sollte – auch aus Gründen der Vorgehenstransparenz – dem Patienten bekannt sein. Da die Übertragungshypothese für die weitere CBASP-Therapie die Funktion hat, dass der Therapeut sog. »hot spots« schnell identifiziert und eine Interpersonelle Diskriminationsübung einleitet, sollte eine Niederschrift der Übertragungshypothese in der Patientenakte gut einsehbar niedergelegt sein. Mit »hot spot« werden im CBASP Situationen bezeichnet, in denen die interpersonellen Ängste des Patienten aktiviert werden und er von seinem Interaktionspartner (zumeist nicht vollständig bewusst) Reaktionen erwartet, die denen der prägenden Bezugspersonen ähneln oder gar entsprechen.

Nach der Erarbeitung der Liste der prägenden Bezugspersonen und der Formulierung der Übertragungshypothese werden in den folgenden Therapiesitzungen schwerpunktmäßig Situationsanalysen durchgeführt (▶ Tab. 5.1), deren Struktur gemeinsam mit der Anwendung im Folgenden dargestellt wird.

**Merke:**

Wird CBASP im Einzelsetting angewendet, sollte lediglich eine Übertragungshypothese formuliert und in dieser die Informationen, die aus der Liste der prägenden Bezugspersonen hervorgehen, verdichtet werden.

## 5.4 Situationsanalyse

Die Situationsanalyse ist das zentrale Element im CBASP. Noch ohne direkten Bezug zur chronischen Depression bzw. Dysthmie hat McCullough

## 5.4 Situationsanalyse

(1980) eine erste Version der Situationsanalyse publiziert, bei der das Therapiemodell CBASP namentlich noch keine Erwähnung findet. In der Publikation zur Einführung von CBASP wird die Situationsanalyse dann als zentrale Intervention beschrieben (McCullough 1984) und ist seither nur wenig modifiziert worden. Wie bereits oben erwähnt, ist es Ziel aller CBASP-Strategien, dass chronisch depressive Patienten lernen, dass ihr interpersonelles Verhalten eine Wirkung auf den Interaktionspartner hat (Zunahme der »perceived functionality«). Um dieses Ziel für Situationen und Begegnungen, die der Patient *außerhalb* der therapeutischen Beziehung erlebt, erreichen zu können, wird die Situationsanalyse eingesetzt. Der Patient soll damit lernen zu erkennen, welche Konsequenzen sein in einer konkreten Situation gezeigtes interpersonelles Verhalten hat. Zudem soll er Fertigkeiten lernen, die ihm dabei helfen, seine von ihm beabsichtigten Ergebnisse zu erreichen.

Die Situationsanalyse besteht aus einer Erhebungs- oder Explorationsphase und einer Lösungsphase. Beide Phasen sind wiederum in mehrere Schritte untergliedert. Damit wird schon an dieser Stelle deutlich, dass es sich bei der Situationsanalyse um ein sehr strukturiertes Vorgehen handelt.

Der Therapeut führt die Situationsanalyse damit ein, dass er mit dem Patienten ein Schema an einem konkreten Beispiel erarbeiten möchte, das dem Patienten helfen soll, in zwischenmenschlichen Situationen seine gewünschten Ergebnisse zu erreichen. Der Therapeut fragt dann nach einer zwischenmenschlichen Situation, die der Patient tatsächlich erlebt und dabei nicht das bekommen hat, was er sich gewünscht, was er zu erreichen versucht hat. Es geht in der Situationsanalyse somit immer um Situationen mit interpersonellem Kontext. Zudem geht es um konkrete Situationen, die sich raum-zeitlich verankern lassen, nicht um Situationsklassen oder – über viele Situationen und Begegnungen abstrahierte – zwischenmenschliche Probleme oder Konflikte (z. B. die schwierige Beziehung zu meinem Ehegatten), auch wenn diese im Hintergrund eine Rolle spielen können. Die ausgewählten Situationen finden somit in einem bestimmten, eingegrenzten Zeitraum statt. Der Therapeut geht mit seinem Patienten an dem konkreten Beispiel die folgenden Schritte der Erhebungsphase durch. Dabei fasst er bei jedem Schritt das Gesagte zusammen und schreibt es stichwortartig auf (z. B. auf eine Seite der Flip-Chart). Im weiteren Verlauf der Therapie kann selbstverständlich der Patient selbst das von ihm

Berichtete schriftlich dokumentieren. Ergänzend sollte ein Arbeitsblatt eingeführt werden, wie es beispielsweise bei Klein, Backenstraß et al. (2018) publiziert ist, damit anhand dieses Arbeitsblattes der Patient Situationsanalysen zwischen den Therapiesitzungen zu Hause anfertigen kann.

> **Merke:**
>
> Die Situationsanalyse ist die zentrale Interventionsstrategie im CBASP. Sie besteht aus zwei Phasen, der Erhebungs-/Explorations- und der Lösungsphase. Beide Phasen sind in mehrere Schritte untergliedert. Im Rahmen einer Situationsanalyse werden immer zwischenmenschliche Begegnungen analysiert.

## 5.4.1 Erhebungsphase

### Situationsbeschreibung

Bei der Situationsbeschreibung wird der Patient gebeten, die Situation, die er ausgewählt hat, zu berichten. Er soll dabei die Situation wie aus der Beobachterperspektive erzählen. Das bedeutet, dass der Therapeut ihn dabei anleitet, bei der Situationsbeschreibung Interpretationen, Emotionen, Meinungen und Bewertungen hier (noch) nicht zu berichten. Weiter soll die Situation einen klaren Anfang und ein klares Ende haben (eingegrenzter Zeitraum). Patienten sollen dabei lernen, Sequenzen im Verhaltensstrom zu bilden; sie müssen erkennen lernen, wann ihr konkretes Verhalten welche Konsequenzen auf den Interaktionspartner hat.

### Interpretation der Situation

Im zweiten Schritt der Situationsanalyse wird der Patient gefragt, was die gerade beschriebene Situation für ihn bedeutet hat. Ergänzend kann der Therapeut auch fragen, welche Gedanken und Gefühle des Patienten sein Verhalten beeinflusst haben. Es geht an dieser Stelle um Interpretationen –

oder allgemeiner – Kognitionen (zu versprachlichendes Erleben), die das Verhalten des Patienten in der konkreten Situation maßgeblich bestimmt haben. Bei der Durchführung der ersten Situationsanalyse sollte der Therapeut die Funktion von Interpretationen erläutern. McCullough (2000) empfiehlt, die Anzahl an Interpretationen, die notiert und über die später in der Lösungsphase weiter gesprochen wird, auf drei (max. vier) zu begrenzen. Diese werden in kurzen Sätzen zusammenfassend in der Sprache des Patienten auf die Flip-Chart oder das Arbeitsblatt niedergeschrieben.

**Verhalten in der Situation**

Hier besteht die Aufgabe darin, eine Beschreibung des Verhaltens des Patienten in der Situation zu erheben. Entsprechend richtet der Therapeut die Bitte an den Patienten: »Beschreiben Sie bitte, was Sie in dieser Situation getan haben!« Obwohl sich bei diesem Schritt eine gewisse Überschneidung mit den in der Situationsbeschreibung zusammengetragenen Informationen ergeben kann, bietet er die Möglichkeit, das Verhalten des Patienten detaillierter zu erfassen. So kann der Patient im Detail lernen, wie sein Verhalten zum Ergebnis der Situation beiträgt und der Therapeut kann bei wiederholten Situationsanalysen Verhaltensbereiche identifizieren, an denen im weiteren Verlauf der Behandlung noch gearbeitet werden muss. Um das Verhalten detaillierter zu erfassen, kann der Therapeut auch konkret nach der eingenommenen Körperhaltung, der Gestik und Mimik, der Lautstärke der Stimme und der Blickrichtung fragen. Auch bei diesem Schritt werden die wichtigsten Informationen schriftlich fixiert und vom Therapeuten abschließend zusammengefasst.

Vor allem im Zuge der Entwicklung des gruppentherapeutischen und stationären CBASP-Ansatzes (▶ Kap. 8) hat es sich ergeben, den Kiesler-Kreis bei der Beschreibung des Verhaltens hinzuzuziehen und das in der Situation vom Patienten gezeigte Verhalten auf dem Kiesler-Kreis einordnen zu lassen (▶ Kap. 5.6). Der Vorteil bei diesem Vorgehen ist, dass sich der Patient seines Stimuluscharakters bereits an dieser Stelle im Analyseprozess leichter bewusst werden kann. Er kann dann im späteren zweiten Schritt der Lösungsphase sein Verhalten, mit welchem er vor dem Hintergrund der

Komplementaritätsannahme (▶ Kap. 4.5) mit hoher Wahrscheinlichkeit sein Ergebnis beim Interaktionspartner erreichen kann, ebenfalls auf dem Kiesler-Kreis festlegen (oder bereits bei der Formulierung des erwünschten Ergebnisses). Der Nachteil bei der Einbeziehung des Kiesler-Kreises in diesem Schritt der Situationsanalyse ist jedoch, dass die gesamte Situationsanalyse vor allem bei der Einführung und den ersten Anwendungen mehr Zeit in Anspruch nimmt und sehr komplex wird. Viele chronisch depressive Patienten sind damit überfordert. Die Empfehlung für eine CBASP-Einzeltherapie ist es deshalb, in aller Regel den Kiesler-Kreis zunächst nicht einzusetzen.

### Tatsächliches Ergebnis

Im vierten Schritt soll das tatsächliche Ergebnis eingegrenzt und beschrieben werden. Der Therapeut stellt die Frage »Welches Ergebnis hatte dieses Ereignis für Sie?« Bei der ersten Situationsanalyse sollte der Therapeut diesen Schritt wiederum begründen. Er weist darauf hin, dass es zur Einschätzung der Wirkung einer Person auf eine andere notwendig ist, das Ergebnis des gezeigten Verhaltens in einer konkreten Situation richtig erkennen zu können. Ziel bei diesem Schritt ist es, dass der Patient lernt, das tatsächliche Ergebnis einer Situation kurz und knapp in einem Satz in verhaltensbezogener Sprache zu formulieren. Bei der Beschreibung des Ergebnisses besteht eine zeitliche Übereinstimmung zu dem Endpunkt der Situationsbeschreibung im ersten Schritt der Analyse. Die Bedeutung dieses Schrittes für die Situationsanalyse wird deutlich, wenn McCullough schreibt: »Der vierte Schritt ist der ›Grundpfeiler‹ des Gewölbes der Situationsanalyse« (McCullough 2006b, S. 135).

### Erwünschtes Ergebnis

Mit der Einführung der Formulierung eines erwünschten Ergebnisses im fünften Schritt wird das Ziel verfolgt, dass der Patient die Fertigkeit erwirbt, ein solches Ergebnis in verhaltensbezogenen Begriffen zu formulieren. Dabei ist es von Bedeutung, dass dieses erwünschte Ergebnis realistisch und erreichbar sein muss. Der Therapeut stellt die Frage: »Welchen Ausgang der

Situation hätten Sie sich gewünscht?«, oder »Wie hätte die Situation Ihrem Wunsch nach ausgehen sollen?«. Zum Verständnis ist es für den Patienten wichtig, dass auch dieser Schritt bei der Durchführung der ersten Situationsanalyse begründet wird. Die Begründung ergibt sich daraus, dass nur bei einem festgelegten Wunschergebnis auch verglichen werden kann, ob der Patient dieses erreicht hat. Wenn das Ergebnis, das er sich wünscht, nicht erreicht worden ist, können die Gründe dafür herausgefunden werden.

Im CBASP wird ein erwünschtes Ergebnis als *erreichbar* angesehen, wenn der jeweilige Interaktionspartner des Patienten potenziell in der Lage ist, das einzulösen, was der Patient sich wünscht. Bis zu welchem Grad eine andere Person gewillt oder in der Lage ist, das zu erfüllen, was der Patient sich wünscht, muss herausgefunden werden. Es kann somit im therapeutischen Prozess vorkommen, dass in mehreren aufeinanderfolgenden Situationsanalysen dasselbe erwünschte Ergebnis in Bezug auf dieselbe Person formuliert wird, bis die Erkenntnis gereift ist, dass diese Person nicht in der Lage oder gewillt ist, sich dem Wunsch des Patienten entsprechend zu verhalten. Ein Beispiel für ein unerreichbares Ergebnis wäre, wenn eine Ehefrau im Rahmen einer Situationsanalyse das erwünschte Ergebnis formuliert, dass der Ehemann an Samstagen mehr Zeit mit ihr verbringt, dieser aber – wie sich dann sukzessive herausstellt – seine Zeit lieber in sein Hobby investiert und das auch nicht ändern möchte.

Neben der Erreichbarkeit ist das zweite Kriterium, dass ein erwünschtes Ergebnis *realistisch* sein muss. Als realistisch werden Ergebnisse eingeschätzt, wenn sie der Patient mit seinen Fertigkeiten erreichen kann. Chronisch depressive Patienten formulieren zu Beginn der Durchführung von Situationsanalysen nicht selten unrealistische erwünschte Ergebnisse. Ein Beispiel für ein unrealistisches Ergebnis wäre die Formulierung eines Lehrers: »Ich will mich von den negativen Ausdrücken und dem schlechten Verhalten der Schüler mir gegenüber emotional nicht beeinflussen lassen«. Mit der Formulierung der beiden Kriterien, die an ein erwünschtes Ergebnis im CBASP gestellt werden, wird deutlich, dass viele chronisch depressive Patienten im Zuge der Situationsanalyse erst lernen müssen, sinnvolle erwünschte Ergebnisse zu benennen.

## 5 Kernelemente der Therapie

**Vergleich des erwünschten mit dem tatsächlichen Ergebnis**

Der sechste Schritt stellt einerseits den Abschluss der Erhebungsphase dar, zugleich bereitet er den Übergang zur Lösungsphase der Situationsanalyse vor. Ziel in diesem Schritt ist es, dass der Patient lernt, mit Hilfe des Vergleichs zwischen dem tatsächlichen und dem erwünschten Ergebnis sein Verhalten in der Situation zu überprüfen. Der Therapeut fragt kurz und knapp: »Haben Sie hier erreicht, was Sie wollten?« Der Patient wird damit angeleitet, über den Vergleich zwischen tatsächlichem und erwünschtem Ergebnis sich mit den tatsächlichen Konsequenzen seines Verhaltens auseinander zu setzen. Wichtig bei diesem Schritt ist, dass tatsächlich der Patient den Vergleich vornimmt, nicht der Therapeut. Hat der Patient den Vergleich vorgenommen, fragt der Therapeut weiter, »Warum haben Sie nicht erreicht, was Sie wollten?« Er bittet damit, den Patienten Gründe für das Nichterreichen des erwünschten Ergebnisses zu benennen und möchte sich damit einen Eindruck bilden, welche kausalen Schlussfolgerungen der Patient daraus zieht, dass er das erwünschte Ergebnis nicht erreicht hat. Die vom Patienten genannten Gründe werden an dieser Stelle jedoch nicht weiter diskutiert, vielmehr geht der Therapeut gleich zur Lösungsphase über.

---

**Exkurs 5.1: Operante Konditionierung als motivationale Unterstützung zur Verhaltensänderung**

Mit der Bitte des CBASP-Therapeuten, das erwünschte mit dem tatsächlich in einer Situation eingetretenen Ergebnis zu vergleichen, trägt der Therapeut – vor allem bei den ersten Situationsanalysen – dazu bei, dass der Patient sich angesichts der Feststellung seines Misserfolgs, der mit dem gezeigten Verhalten und dessen Konsequenzen zusammenhängt, emotional schlecht, zumeist sogar schlechter fühlt als zu Beginn der Situationsanalyse. Dies sollte aber kein Grund für den Therapeuten sein, diesen Schritt nicht durchzuführen. Denn mit der sich anschließenden Lösungsphase der Situationsanalyse wird dem Patienten geholfen, eine Verhaltensstrategie zu konstruieren und anzuwenden, die erfolgreich ist. Sein ausgeprägtes Unbehagen wird deutlich abnehmen.

Mit der Reduktion des Unbehagens macht der Patient die Erfahrung – in der Sprache der Lerntheorie nach Skinner – der negativen Verstärkung als Prinzip der operanten Konditionierung. Die Wahrscheinlichkeit, in Zukunft Verhalten zu zeigen, das das Erleben aversiver Emotionen schnell reduziert, steigt. Die gezeigte Verhaltensänderung wird dann im Sinne der positiven Verstärkung vom Therapeuten besonders hervorgehoben. Dies kann im Zuge der Lösungsphase sein, wie sie im Folgenden im Detail beschrieben wird. Die positive Verstärkung sollte aber auch zum Tragen kommen, wenn sich im Zuge der Erhebungsphase einer Situationsanalyse zeigt, dass tatsächliches und erwünschtes Ergebnis übereinstimmen, der Patient also sein interpersonelles Ziel erreicht hat. Dann ist »Celebration Time«! Chronisch depressive Patienten sind anfänglich zumeist sehr überrascht, wenn der Therapeut das Erreichen des erwünschten Ergebnisses als Anlass zum »Feiern« nimmt.

### 5.4.2 Lösungsphase

Vor dem Hintergrund des am Ende der Erhebungsphase zunehmenden Unbehagens beim Patienten – im Falle der Nichtübereinstimmung von tatsächlichem und erwünschtem Ergebnis – wird es im CBASP für wichtig erachtet, dass die ersten Situationsanalysen vollständig mit Erhebungs- und Lösungsphase in einer Therapiesitzung durchgeführt und abgeschlossen werden, sich also nicht über mehr als eine Sitzung erstrecken. Eine zeitliche Unterbrechung der Situationsanalyse und Verschiebung der Lösungsphase auf die nachfolgende Therapiesitzung sollte vermieden werden.

Die Lösungsphase selbst besteht aus vier Schritten (▶ Kasten 5.1).

**Revision irrelevanter und unzutreffender Interpretationen**

Der erste Schritt der Lösungsphase widmet sich den in der Erhebungsphase notierten Interpretationen. Ziel dieses Schrittes ist es, dass der Patient lernt, die festgestellten Interpretationen dahingehend zu prüfen, ob sie geeignet sind, dazu beizutragen, das erwünschte Ergebnis zu erreichen. Ungeeignete Interpretationen soll der Patient ersetzen lernen, so dass ihm das Erreichen des erwünschten Ergebnisses möglich wird. Der Therapeut geht mit dem Patienten jede der in der Erhebungsphase notierten Interpretationen nacheinander durch. Eine Priorisierung nach Inhalten oder Wertigkeiten spielt dabei keine Rolle. Die zeitliche Abfolge der Interpretationen, wie sie im Verlauf der Situation aufgetreten sind, ist maßgeblich. Der Therapeut stellt konkret die Frage: »Inwieweit trägt diese Interpretation dazu bei, das zu erreichen, was sie wollen?« Bei der Prüfung der Interpretation lassen sich Therapeut und Patient durch zwei Kriterien leiten: Ist die Interpretation (1) *zutreffend* und (2) *relevant*. *Relevante* Interpretationen verankern den Patienten im Zeitstrom der Situation, sie sind in der Situation verankert. »Ich habe mal wieder versagt«, als eine mögliche Interpretation eines Patienten ist z. B. nicht in der Situation verankert. Sie ist verallgemeinernd, bezieht Informationen aus anderen Situationen ein und ist deshalb nicht in der zu analysierenden Situation verankert. Als *zutreffend* wird eine Interpretation gekennzeichnet, wenn sie sich auf das bezieht, was tatsächlich in der Situation passiert ist. An dieser Stelle können Patienten u. a. feststellen, dass erlebte Gefühle zwar zutreffend sein können, jedoch in Bezug auf das erwünschte Ergebnis mitunter keine hinreichende Relevanz haben, also nicht in einem ausreichenden Maß dazu beitragen, dieses Ergebnis zu erreichen. Es werden im CBASP bei der Überarbeitung der Interpretationen keine ausführlichen Dispute zwischen Patient und Therapeut im Sinne eines sokratischen Dialogs geführt. Es werden auch nicht – wie in der kognitiven Therapie – z. B. mit Hilfe der Spaltentechnik für jede Interpretation eine Alternative entwickelt und deren Auswirkung auf das emotionale Erleben geprüft. CBASP ist, wie eingangs im Kapitel »Entwicklungsgeschichte« ausgeführt (▶ Kap. 1), im Sinne der kognitiven Therapie sensu Beck oder Ellis nicht wirklich »kognitiv«. Im CBASP bleibt hier bei der Überarbeitung eine Interpretation, die die Kriterien nicht erfüllt und nicht dazu beitragen kann, dass ein erwünschtes Ergebnis erreicht wird, im Weiteren unberücksichtigt, sie wird »gestrichen«. Dieses »Streichen« ist durchaus auch wörtlich zu nehmen, Therapeut oder Patient können die in der Erhebungsphase notierte Interpretation auf dem Arbeitsblatt durchstreichen. Der Therapeut leitet den Patienten dann an, eine Interpretation zu formulieren, die ihn dabei unterstützt, sein erwünschtes Ergebnis zu erreichen. Es sollte sich um eine handlungsorientierte Interpretation handeln, die in aller Regel sehr kurz formuliert ist und im Sinne einer Art

Selbstinstruktion Aufforderungscharakter hat. Letztendlich reicht die Formulierung *einer* Handlungsinterpretation aus, es muss nicht für jede Interpretation, die in der Erhebungsphase notiert wurde, eine neue Interpretation gefunden werden.

**Merke:**

Im CBASP werden bei der Überarbeitung der Interpretationen weder sokratische Dialoge noch mit Hilfe der Spaltentechnik in Anlehnung an die kognitive Therapie sensu Beck oder Ellis Alternativen entwickelt. Die Interpretationen werden lediglich daraufhin geprüft, ob sie zutreffend und relevant für das Erreichen des erwünschten Ergebnisses sind. Es wird schließlich eine alternative Handlungsinterpretation formuliert.

**Veränderung des Verhaltens**

Nach der Formulierung einer Handlungsinterpretation folgt jetzt im zweiten Schritt der Lösungsphase die Überprüfung des Verhaltens. Der Therapeut fragt nun seinen Patienten: »Wenn Sie die Situation so interpretiert hätten, wie hätten Sie sich verhalten, um das zu bekommen, was Sie wollten, oder anders gesagt, um Ihr erwünschtes Ergebnis zu erreichen?« Ziel dieses Schrittes ist es, dass der Patient lernt, sein Verhalten in der konkreten Situation zu überprüfen sowie funktionale, interpersonelle Verhaltensweisen zu entwickeln und umzusetzen. Dabei kann es hilfreich sein, dass der Therapeut den Patienten auf Mimik, Gestik, Körperhaltung, Blickkontakt etc. explizit hinweist. Verhalten, mit dem das erwünschte Ergebnis erreicht werden kann, wird zunächst sprachlich beschrieben. McCullough (1984, 2000) empfiehlt, es bei diesem Schritt bei der Beschreibung funktionalen Verhaltens zu belassen, mit dem nächsten Schritt der Lösungsphase die Situationsanalyse fortzuführen und erst nach Abschluss der Lösungsphase mit einem konkreten Verhaltenstraining, z. B. im Rahmen von Rollenspielen, zu beginnen. Ziel dabei ist, den Zusammenhang zwischen revidierter Interpretation und dem in der Situation erforderlichen Verhalten besonders zu gewichten. Es hat sich jedoch gezeigt, dass die Schwelle für chronisch depressive Patienten, verbal beschriebenes Verhalten praktisch einzuüben, niedriger ist, wenn aus der Formulierung gleich die Übung abgeleitet bzw. das Rollenspiel direkt daraus entwickelt wird, Therapeut: »Sagen Sie doch bitte mal, wie Sie dies jetzt zu Ihrem Mann sagen würden?« Der Therapeut kann dann die Antwort des Ehemanns übernehmen und so weiter. Im Sinne eines Shaping-Prozesses kann auf diesem Weg funktionales Verhalten auf- und ausgebaut werden.

**Umsetzung und Zusammenfassung der Lernprozesse**

Die Lösungsphase und die gesamte Situationsanalyse sind nach der Erarbeitung funktionalen Verhaltens jedoch noch nicht beendet. Der Therapeut bittet seinen Patienten in diesem Schritt nun, das zusammenzufassen, was er in der Übung gelernt hat. Der Patient soll dabei lernen, sich auf die relevanten Komponenten der Situationsanalyseübung, die dazu geführt haben, dass sein erwünschtes Ergebnis erreicht wurde, zu fokussieren. Die Zusammenfassung wird nicht vom Therapeuten vorgegeben. Nur wenn relevante Aspekte aus Sicht des Therapeuten bei der Zusammenfassung des Patienten fehlen, fragt er nach. Im Vergleich zu den beiden vorausgegangenen Schritten der Lösungsphase nimmt die Zusammenfassung in aller Regel weniger Therapiezeit in Anspruch.

**Generalisierung und Übertragung des Gelernten auf den Alltag**

Die Lösungsphase wird mit diesem Schritt abgeschlossen. Der Therapeut fragt seinen Patienten, ob das gerade Erlernte auf andere, ähnliche Situationen anwendbar ist. Ziel dabei ist, dass der Patient lernt, Situationen zu erkennen, in denen er die erlernten Fertigkeiten ebenfalls anwenden kann. Es kann sich um Situationen aus der Vergangenheit, aber auch aus der Zukunft handeln. Bei den ersten Situationsanalysen sind jedoch ähnliche Ereignisse aus der jüngsten Vergangenheit am geeignetsten. Wichtig ist, dass der Therapeut darauf achtet, dass es sich wieder um spezifische, konkrete Situationen handelt. »Was ich gerade gelernt habe, kann ich auch in meinem Job anwenden« (Antwort des Patienten), ist nicht hilfreich, da es einem globalen Denken Vorschub leistet.

## 5.4.3 Zusammenfassung und weiteres Vorgehen

Damit sind das Schema und ein vollständiger Ablauf einer Situationsanalyse dargestellt. In Kasten 5.1 sind die einzelnen Schritte der Erhebungs- und der Lösungsphase nochmals übersichtlich aufgelistet (▶ Kasten 5.1).

**Kasten 5.1:** Die Situationsanalyse im Überblick

**Erhebungs- oder Explorationsphase**

1. Schritt: Situationsbeschreibung
2. Schritt: Interpretation der Situation
3. Schritt: Verhalten in der Situation
4. Schritt: Tatsächliches Ergebnis
5. Schritt: Erwünschtes Ergebnis
6. Schritt: Vergleich des erwünschten mit dem tatsächlichen Ergebnis

**Lösungsphase**

1. Schritt: Revision irrelevanter und unzutreffender Interpretationen
2. Schritt: Veränderung des Verhaltens
3. Schritt: Umsetzung und Zusammenfassung des Gelernten
4. Schritt: Generalisierung und Übertragung des Gelernten auf andere Situationen

Wie weiter oben erwähnt, sollte der Therapeut versuchen, die Erhebungs- und Lösungsphase in derselben Therapiesitzung zu durchlaufen. Es kann – gerade bei den ersten Situationsanalysen – jedoch vorkommen, dass im Voranschreiten der Analyse nochmals auf einen vorausgehenden Schritt zurückgegangen werden muss. Beispielsweise kann sich bei der Revision der Interpretationen zeigen, dass das bereits formulierte erwünschte Ergebnis dem Kriterium der Erreichbarkeit nicht standhält. Ein Interaktionspartner des Patienten z. B. erweist sich als nicht willens, den Wunsch des Patienten zu erfüllen. Dann müssen Patient und Therapeut ein anderes erwünschtes Ergebnis formulieren, bevor sie die Situationsanalyse fortführen. Nach Abschluss der ersten Situationsanalyse bekommt der Patient die

Aufgabe, bis zur nächsten Therapiesitzung für eine weitere Situation, in der er nicht erreicht, was er sich gewünscht hat, die Schritte der Erhebungsphase zu durchlaufen und auf dem auszuhändigenden Formblatt zu notieren. In der darauffolgenden Therapiesitzung wird die Erhebungsphase nochmals durchgegangen und mit Unterstützung des Therapeuten die Lösungsphase durchlaufen. Dieses Vorgehen wird wiederholt, bis der Patient in der Lage ist, die vollständige Situationsanalyse ohne maßgebliche Unterstützung des Therapeuten durchzuführen. Zur systematischen Überprüfung des Lernfortschritts seines Patienten kann der Therapeut das PPRF einsetzen (▶ Kap. 4.6).

## 5.5 Mini-Situationsanalyse

Die Entwicklung eines stationären Gruppenkonzepts (▶ Kap. 8) hat dazu geführt, dass auch Personen mit chronischer und aktuell schwerer depressiver Störung mit CBASP behandelt werden. Viele dieser Patienten sind aufgrund ihrer schweren Depression in ihrer Aufmerksamkeits- und Auffassungsfähigkeit noch etwas eingeschränkt. Deshalb wurde zur Anwendung der Situationsanalyse in der Gruppe das Vorgehen auf weniger – im Vergleich zu gerade dargestellten Version – Schritte reduziert, so dass die Übung etwas schneller und ggf. auch zweimal oder mehrmals im Verlauf einer Gruppensitzung durchgeführt werden kann (Kiyhankhadiv und Schramm 2017). Klein, Backenstraß et al. (2018) haben zur Anwendung der Mini-Situationsanalyse ein Arbeitsblatt vorgestellt.

Folgende Schritte werden in der Mini-Situationsanalyse durchlaufen:

1. Situationsbeschreibung
2. Bestimmung des tatsächlichen Ergebnisses
3. Bestimmung des erwünschten Ergebnisses und Vergleich der Ergebnisse
4. Formulierung der Handlungsinterpretation
5. Bestimmung funktionalen interpersonellen Verhaltens

Die Beschreibung der Situation im ersten Schritt der Mini-Situationsanalyse erfolgt in derselben Weise wie in der vollständigen Situationsanalyse (vgl. weiter oben). Klein, Backenstraß et al. (2018) haben als zweiten Schritt in der Mini-Situationsanalyse die Bestimmung des erwünschten Ergebnisses vorgeschlagen. Vor dem Hintergrund der Bedeutung des tatsächlichen Ergebnisses und des Vergleichs der Ergebnisse ist es sinnvoll, auch das tatsächliche Ergebnis (TE) in der Mini-Situationsanalyse zu erfassen. Im nächsten Schritt folgt dann die Bestimmung des erwünschten Ergebnisses (EE) und des Vergleichs von TE und EE. Zum Erreichen des EE wird eine Handlungsinterpretation formuliert. Sollte den Gruppenteilnehmern das vollständige Schema der Situationsanalyse nicht bekannt sein, ist an dieser Stelle darauf zu achten, allen Beteiligten in der Gruppe zu erläutern, was unter einer Handlungsinterpretation zu verstehen und warum diese für die Erreichung des erwünschten Ergebnisses von Bedeutung ist. Die Gruppenteilnehmer können bei der Formulierung der Handlungsinterpretation den Patienten, der die Situation zur Bearbeitung eingebracht hat, mit Vorschlägen zur Formulierung unterstützen. Im letzten Schritt der Mini-Situationsanalyse wird das interpersonelle Verhalten bestimmt, das zum Erreichen des erwünschten Ergebnisses hilfreich ist. Dabei kann in Rückgriff auf den ersten und zweiten Schritt das ursprünglich gezeigte Verhalten im Kiesler-Kreis bestimmt und überlegt werden, was dieses Verhalten womöglich beim Interaktionspartner ausgelöst hat. Dann kann alternatives Verhalten auf dem Kiesler-Kreis bestimmt und genauer beschrieben werden. Auch an dieser Stelle können die Gruppenteilnehmer aktiv in den Prozess integriert werden, in dem sie Vorschläge für funktionales interpersonelles Verhalten machen können. Abschließend wird im Rahmen von Rollenspielen das neue Verhalten eingeübt.

Die Mini-Situationsanalyse unterscheidet sich somit von der vollständigen Version vor allem darin, dass der Erarbeitung und Revision der Interpretationen kein bzw. wenig Raum eingeräumt wird. Auch das ursprünglich vom Patienten, der die Situation eingebracht hat, gezeigte interpersonelle Verhalten wird weniger ausführlich erarbeitet und beschrieben. Es findet lediglich im letzten Schritt der Mini-Situationsanalyse Berücksichtigung. Somit wird die gesamte Situationsanalyse kürzer, bleibt jedoch im Wesentlichen lösungs- oder besser verhaltensmodifikationsorientiert.

## 5 Kernelemente der Therapie

> **Merke:**
>
> Die Mini-Situationsanalyse stellt eine auf fünf Schritte verkürzte Variante der Situationsanalyse dar. Sie wird vor allem in der stationären Gruppentherapie von chronisch depressiven Patienten mit ausgeprägten Aufmerksamkeits- und Auffassungsdefiziten eingesetzt.

### 5.6 Kiesler-Kreis

Bereits im Kapitel »Kernelemente der Diagnostik« wurde bei der Darstellung des IMI und nachfolgend bei der Beschreibung der Situationsanalyse der sog. Kiesler-Kreis erwähnt und auf dessen theoretische Fundierung sowie die Komplementaritätshypothese eingegangen (▶ Kap. 4). Bei der in der CBASP-Literatur zu findenden Kiesler-Kreis-Version (z. B. Brakemeier und Normann 2012, Klein und Belz 2014, Klein, Backenstraß et al. 2018) handelt es sich um eine vereinfachte Variante des von Donald J. Kiesler (z. B. 1996) entwickelten Circumplexmodells zur Erfassung und Darstellung interpersonellen Verhaltens (▶ Abb. 4.2), die er zur grafischen Veranschaulichung von IMI-Ergebnissen entwickelte.

Wie weiter unten genauer ausgeführt wird, haben die Arbeiten von Kiesler einen großen Einfluss auf die Konzeption der Gestaltung der therapeutischen Beziehung im CBASP. Ein Studium der Originalliteratur von McCullough (2000, 2006b, McCullough et al. 2015) zeigt jedoch, dass McCullough selbst den Kiesler-Kreis lediglich im Kontext der Anwendung des IMI und somit als Instrument zur Planung und Reflexion der CBASP-Therapie verwendet. Vor allem die Entwicklungen eines CBASP-Gruppenkonzepts und eines stationären Behandlungskonzepts (▶ Kap. 8) in der deutschsprachigen CBASP-Literatur haben jedoch zu einer direkten Verwendung des Kiesler-Kreises im therapeutischen Prozess geführt.

Die Anwendung des Kiesler-Kreises wird im Zuge dieser Entwicklungen bei der Situationsanalyse eingesetzt. So schlagen Brakemeier und Normann

(2012) vor, in der Erhebungsphase bei der Beschreibung des Verhaltens in der Situation den Kiesler-Kreis zu verwenden. Patienten sollen das gezeigte interpersonelle Verhalten ergänzend zu der freien Beschreibung auf dem Kiesler-Kreis einordnen. Im weiteren Verlauf der Situationsanalyse kann der Kiesler-Kreis bei der Festlegung des erwünschten Ergebnisses hinzugezogen werden. Schließlich kann in der Lösungsphase bei der Formulierung und Einübung alternativen Verhaltens reflektiert werden, auf welcher Position im Kiesler-Kreis das nun gezeigte Verhalten zu verorten ist und was sich daraus als wahrscheinliche Konsequenz im Hinblick auf das Verhalten des Interaktionspartners ergibt (siehe auch Klein und Belz 2014). Die skizzierte Verwendung des Kiesler-Kreises im Rahmen einer CBASP-Einzeltherapie ist darüber hinaus auch bei der weiter unten dargestellten Kontingent Persönlichen Reaktion möglich, um gemeinsam mit dem Patienten dessen aktuelles interpersonelles Verhalten zu reflektieren. Einschränkend sei – wie weiter oben bereits geschehen – darauf hingewiesen, dass die zur Anwendung gebrachten Interventionen für den Patienten nicht zu umfassend und komplex und damit überfordernd werden sollten. So ist z. B. nicht zu empfehlen, bei der ersten Anwendung einer Situationsanalyse auch noch den Kiesler-Kreis einzuführen.

In den vorliegenden CBASP-Gruppenkonzeptionen (▶ Kap. 8) spielt der Kiesler-Kreis vor dem Hintergrund seiner einfachen Struktur und Vermittelbarkeit eine wichtige Rolle. Er wird systematisiert bei der Erhebung von Situationsanalysen in der Gruppe berücksichtigt. Im Kontext der stationären CBASP-Konzeption wird darüber hinaus eine eigene Kiesler-Kreis-Körpertherapie (Brakemeier und Normann 2012) beschrieben. Zudem wurde aktuell ein »Kiesler-Kreis-Training«-Behandlungsmanual mit transdiagnostischem Anspruch publiziert (Guhn et al. 2019).

## 5.7 Analyse zukünftiger Situationen

Im Verlauf einer CBASP-Behandlung im Zuge der Bearbeitung von Situationsanalysen kommt es relativ häufig vor, dass Patienten in die Therapiesitzung kommen und darum bitten, sich mit Unterstützung des Therapeuten auf eine in der Zukunft liegende zwischenmenschliche Situation vorzubereiten. Es kann sich um ein wichtiges Gespräch mit einem Vorgesetzten, dem Ehegatten, wichtigen Freunden usw. handeln. Hierfür bedarf es einiger Modifikationen des oben dargestellten Schemas der Situationsanalyse. Vor dem Hintergrund der deutlichen Veränderungen und der Fokussierung auf zukünftige Ergebnisse wird das neue Schema auch Zukunftssituationsanalyse oder kurz Zukunftsanalyse genannt.

Die Zukunftsanalyse selbst hat in der CBASP-Literatur in den vergangenen Jahren leichte Modifikationen erfahren. Während McCullough (2000, 2006b) die Zukunftsanalyse mit vier Schritten beschrieben hat, ist z. B. bei Klein, Backenstraß et al. (2018) ein Vorgehen in sechs Schritten dargestellt. Im Folgenden werden die Schritte der Zukunftsanalyse ausführlich beschrieben und dabei deutlich gemacht, welche zusätzlichen Aspekte über das ursprüngliche CBASP-Manual (McCullough 2000) hinausgehend aufgenommen wurden.

### Situationsbeschreibung

Im ersten Schritt der Zukunftsanalyse wird der Patient – wie bei der klassischen Situationsanalyse – gebeten, die vor ihm stehende Situation zu beschreiben. Mit »Beschreiben Sie bitte kurz, welche Situation Ihnen bevorsteht!«, kann der Therapeut im ersten Schritt den Patienten ermutigen, sich dem zukünftigen Ereignis detaillierter zu widmen. Er kann sich den Interaktionspartner nennen lassen und den Kontext der zu erwartenden Begegnung. Im Prinzip werden bei diesem Vorgehen dieselben Zielperspektiven wie oben bei der klassischen Situationsanalyse verfolgt. Wo und wann beginnt die Situation? Und wann ist sie voraussichtlich beendet? Eine raum-zeitliche Verankerung der Situation und eine möglichst in verhaltensbezogenen Begriffen beschriebener Situationsablauf sind die primären Ziele dieses Schrittes.

### Erwünschtes Ergebnis

Da die Situation in der Zukunft liegt, wird im zweiten Schritt gleich zu der Formulierung eines erwünschten Ergebnisses gesprungen. Auch hier sollte der Therapeut darauf achten, dass das Ergebnis in verhaltensbezogenen Begriffen formuliert ist. Was möchte der Patient zu seinem Interaktionspartner sagen? Wie möchte er, dass die Situation für ihn ausgeht?

## Mögliche Hindernisse in der Situation: Verhaltensweisen des Interaktionspartners

Die Beschäftigung mit möglichen »Hindernissen«, besonderen Schwierigkeiten, die sich aus den Verhaltensweisen des Interaktionspartners ergeben könnten, geht über den dokumentierten Ablauf der Zukunftsanalyse von McCullough (2000) hinaus. Klein, Backenstraß et al. (2018) schlagen diesen Schritt vor, um dem Patienten die Möglichkeit zu geben, sich mit für ihn problematischen Verhaltensweisen des Interaktionspartners von vornherein aktiv zu beschäftigen, diese Verhaltensweisen quasi im eigenen Plan zu berücksichtigen und gegebenenfalls spezifisches Interaktionsverhalten dafür zu entwickeln.

## Mögliche Hindernisse in der Situation: Eigene Interpretationen

Auch dieser Schritt ist von McCullough (2000) nicht eigens formuliert. Der Therapeut kann den Patienten fragen: »Gibt es bestimmte Gedanken und/oder Gefühle, die Sie in ähnlichen Situationen daran hindern, Ihr erwünschtes Ergebnis zu erreichen?« Ziel ist, wahrscheinlich aufkommende Schwierigkeiten in Bezug auf Gedanken und Gefühle des Patienten vorwegzunehmen, um sich in den nächsten beiden Schritten besser darauf einstellen und entsprechend vorbereiten zu können. So kann beispielsweise ein Gedanke wie »das schaffe ich nie«, der bei dem Patienten in ähnlichen Situationen schnell auftritt, antizipiert und bei den weiteren Überlegungen berücksichtigt werden.

## Formulierung einer Handlungsinterpretation

Die Formulierung einer Interpretation, die dazu beiträgt, dass das erwünschte Ergebnis erreicht werden kann, ist zentraler Bestandteil der Zukunftsanalyse. Der Therapeut fragt bei diesem Schritt den Patienten: »Was könnten Sie in der Situation zu sich sagen, damit Sie Ihr erwünschtes Ergebnis erreichen?« und bittet ihn, einen kurzen Satz zu formulieren. Häufig sind Sätze in Imperativform am geeignetsten wie z. B. »Sag dem Chef, dass Du keine Überstunde machen kannst!«.

## Verhalten in der Situation

Sobald das erwünschte Ergebnis und die Handlungsinterpretation festgelegt sind, wird im abschließenden Schritt der Zukunftsanalyse das Interaktionsverhalten beschrieben. Dabei sollte besonders auf Gestik, Mimik, Körperhaltung etc. geachtet werden. Hier kann es sinnvoll sein, dass der Therapeut den Patienten im Sinne eines Shaping-Prozesses dabei unterstützt, dass dieser sein Verhalten Schritt für Schritt in Richtung der formulierten Ergebnisperspektive festlegt. In aller Regel hilft es dem Patienten, zum Abschluss dieses Schrittes in einem Rollenspiel das Verhalten einzuüben.

In vielen Fällen ist es hilfreich, in der Therapiesitzung, die auf die Umsetzung der Zukunftsanalyse durch den Patienten folgt, eine Situationsanalyse nach dem klassischen Schema durchzuführen. Dies hat den Vorteil, dass bei gelungener Umsetzung schon zum Ende der Erhebungsphase »kräftig gefeiert« oder – im Falle des Scheiterns des Patienten – im Detail analysiert werden kann, woran es gelegen haben könnte, dass der Patient sein ursprünglich formuliertes, erwünschtes Ergebnis nicht erreicht hat.

Abschließend ist an dieser Stelle jedoch festzuhalten, dass die Zukunftsanalyse keinesfalls zur zentralen Intervention in einer CBASP-Behandlung werden sollte, auch wenn einige Patienten schnell darauf drängen, sich auf zukünftige Situationen vorbereiten zu wollen. Die Zukunftsanalyse kann einem ausführlichen »Darüber-Nachdenken«, wie man es am besten machen könnte, Vorschub leisten und damit selbst zu einer Vermeidungsstrategie werden. Zudem kann das zentrale Ziel des CBASP, nämlich der Erwerb und Ausbau der »perceived functionality«, weniger gut verfolgt werden.

## 5.8 Therapiestrategien zur diszipliniert persönlichen Gestaltung der therapeutischen Beziehung

Wie weiter oben bereits erwähnt, kommt der Gestaltung der therapeutischen Beziehung durch den Therapeuten im CBASP eine zentrale Rolle zu (McCullough 2006a, 2012). Während mit der Situationsanalyse soziale Interaktionen *außerhalb* der Therapie im Detail analysiert werden, damit der chronisch depressive Patient lernen kann, seine Wahrnehmungsentkopplung zu reduzieren, setzen die Interpersonelle Diskriminationsübung (IDÜ; im Original »Interpersonal Discrimination Exercise« – IDE) und noch mehr die Kontingent Persönliche Reaktion (KPR; im Original »Contingent Personal Responsivity« – CPR) *innerhalb* der therapeutischen Beziehung an.

Im Folgenden werden die beiden Interventionsstrategien, bei denen die diszipliniert persönliche Beziehungsgestaltung besonders zum Tragen kommt, ausführlicher dargestellt. Weitere Erläuterungen zur besonderen Gestaltung der therapeutischen Beziehung im CBASP finden sich im Kapitel »Die therapeutische Beziehung« (▶ Kap. 9).

## 5.9 Interpersonelle Diskriminationsübung

Mit der interpersonellen Diskriminationsübung (IDÜ) wird das Ziel verfolgt, dass der Patient lernt, zwischen seinem Therapeuten und den früheren, ihn verletzenden, prägenden Personen zu unterscheiden. Diese Unterscheidung stellt für den Patienten bei der Besprechung emotional wenig bedeutsamer Themen in aller Regel keine Schwierigkeit dar. Kommt es im Verlauf der CBASP-Behandlung jedoch zu sog. emotionalen Brennpunkten (im englischsprachigen Original als »hot spot(s)« bezeichnet), erwartet der Patient vor dem Hintergrund seiner prägenden Beziehungserfahrungen, dass der Therapeut sich ähnlich wie die ihn prägende Bezugsperson verhält (vgl. auch Neudeck et al. 2010). Die IDÜ setzt deshalb auf Seiten des Therapeuten das Wissen voraus, das mit der Liste der prägenden Bezugspersonen gesammelt und in der Übertragungshypothese verdichtet wird. Sie kann deshalb streng genommen im Verlauf einer CBASP-Behandlung erst nach der Formulierung der Übertragungshypothese durchgeführt werden. Vor dem Hintergrund der Übertragungshypothese weiß der Therapeut, unter welchen situativen Umständen der Patient sehr wahrscheinlich emotional reagiert, interpersonelle Angst erlebt und negative Reaktionen des Therapeuten erwartet. Sollte beispielsweise ein Patient, der im Übertragungsbereich »Fehler, Versagen« (▶ Tab. 5.2) besonders geprägt ist, einen Termin verpassen oder die Aufgaben zwischen den Therapiesitzungen versehentlich vergessen haben, wird er möglicherweise erwarten, dass der Therapeut – ähnlich wie z. B. der ihn prägende Vater – ärgerlich und strafend reagiert und deshalb die Behandlung beendet. Der Therapeut greift eine solche Situation mit der Einleitung einer IDÜ auf, in der die persönliche Gestaltung der therapeutischen Beziehung eine besondere Rolle spielt.

Erkennt der Therapeut den emotionalen Brennpunkt, spricht er im ersten Schritt der IDÜ diesen direkt an und ergänzt den entsprechenden situativen Kontext. Er kann – um das obige Beispiel noch einmal aufzugreifen – in freundlich zugewandtem Ton zu dem Patienten sagen: »Sie haben leider vergessen, die Situationsanalyse in schriftlicher Form festzuhalten. Sie wollten dies tun, da es Ihnen besonders wichtig war, die Situation mit Ihrem Chef nochmals genau durchzugehen.« Wichtig an dieser Stelle im therapeutischen Prozess ist, dass der Therapeut sich so verhält, dass es dem Patienten unmissverständlich deutlich werden kann, dass sich die Therapeutenreaktion von dem Verhalten der prägenden Bezugsperson unterscheidet. Der Therapeut sollte sich dafür etwas Zeit lassen.

Im zweiten Schritt der IDÜ bittet der Therapeut den Patienten zu berichten, wie die relevante, prägende Bezugsperson in dieser (oder einer sehr ähnlichen) Situation wohl reagiert hätte. Relevant ist dabei diejenige prägende Bezugsperson, die maßgeblich dazu beigetragen hat, dass bei dem Patienten genau in dieser Situation (also z. B. bei dem emotionalen Brennpunkt »Fehler, Versagen«) interpersonelle Ängste ausgelöst werden. Hat sich bei der Erhebung der Liste der prägenden Bezugspersonen gezeigt, dass mehrere Personen in demselben emotionalen Brennpunkt geprägt haben, kann bei diesem Schritt der IDÜ auch nach der wahrscheinlichen Reaktion dieser Personen gefragt werden. Der Therapeut fasst die Schilderungen des Patienten zusammen und benennt nochmals, wie die prägende(n) Bezugsperson(en) sich in dieser Situation verhalten hätte(n). Dann verschiebt der Therapeut den Aufmerksamkeitsfokus des Patienten auf sich und fragt: »Wie habe ich gerade reagiert? Bitte beschreiben Sie, wie ich mich gerade verhalten habe, als Sie mir sagten, dass Sie die Aufgabe vergessen haben.« Der Therapeut kann gegebenenfalls den Patienten unterstützen und fragen, was er gesagt hat, wie er es gesagt hat, welchen Gesichtsausdruck er dabei hatte, etc. Auch hier fasst der Therapeut zusammen, was der Patient beobachtet hat.

Im nächsten Schritt der IDÜ bittet der Therapeut den Patienten, das von ihm gezeigte Verhalten mit dem der prägenden Bezugsperson zu vergleichen. Der Therapeut kann nach Gemeinsamkeiten, er sollte aber auf jeden Fall nach Unterschieden im Verhalten fragen. Abschließend fragt der Therapeut den Patienten, ob und welche Bedeutung der Unterschied zwischen der Reaktion der prägenden Bezugsperson und dem Therapeuten hat. Mit diesem abschließenden Schritt wird das Ziel verfolgt, dass sich der Patient der Unterschiede im Verhalten der prägenden Bezugspersonen und des Therapeuten explizit bewusst wird und dass er daraus schlussfolgern kann, dass es sich bei der therapeutischen Beziehung um eine für ihn sichere Beziehung handelt.

Die IDÜ wird im Verlauf einer CBASP-Behandlung so oft durchgeführt, wie sich Gelegenheiten durch das Auftreten eines emotionalen Brennpunktes ergeben. Es wird nämlich davon ausgegangen, dass der Patient wiederholt erleben muss, dass der Therapeut sich anders verhält als die ihn verletzenden Bezugspersonen. So kann der Patient zunehmend lernen, dass er sich in der therapeutischen Beziehung sicher sein kann und dass es einen Unterschied zwischen früher (Einfluss der prägenden Bezugspersonen) und heute (Therapeut und gegebenenfalls andere Personen im sozialen Umfeld des Patienten) gibt. Die IDÜ bietet für den Patienten die Gelegenheit, korrigierende Beziehungserfahrungen zu machen. Die Nachhaltigkeit solcher Erfahrungen – so legt es die klinische Beobachtung nahe – nimmt einerseits mit der Häufigkeit der Wiederholung zu. Andererseits können korrigierende Beziehungserfahrungen im Rahmen einer IDÜ dann besonders nachhaltig sein, wenn sie mit intensivem emotionalem Erleben einhergehen.

> **Zusammenfassung:**
>
> Bei der IDÜ handelt es sich um eine strukturierte Intervention, die folgende Schritte beinhaltet:
>
> 1. Schritt:
> Der Therapeut erkennt den emotionalen Brennpunkt, er reagiert darauf und spricht den Patienten darauf an.
> 2. Schritt:
> Der Therapeut bittet den Patienten zu beschreiben, wie die relevante(n) prägende(n) Bezugsperson(en) in dieser Situation reagiert hätte(n).
> 3. Schritt:
> Der Therapeut bittet den Patienten zu beschreiben, wie er (der Therapeut) sich gerade in dieser Situation verhalten hat.
> 4. Schritt:
> Der Therapeut bittet den Patienten, die Unterschiede zwischen seinem und dem Verhalten der prägende(n) Bezugsperson(en) zu benennen.
> 5. Schritt:
> Der Therapeut fragt den Patienten, ob die Unterschiede zwischen Therapeut und der/den prägenden Bezugsperson(en) für ihn von Bedeutung sind.

## 5.10 Kontingent Persönliche Reaktion

Während die IDÜ durch einen klar strukturierten Ablauf gekennzeichnet ist, indem das Vorgehen und das Verhalten des CBASP-Therapeuten in den einzelnen Schritten weitgehend festgelegt sind, handelt es sich bei der

## 5.10 Kontingent Persönliche Reaktion

Kontigent Persönlichen Reaktion (KPR) im Kern um eine weniger eindeutig strukturierte Therapiestrategie. McCullough (2012) hat deshalb anhand mehrerer ausführlicher Beispiele, in der er Therapieausschnitte präsentiert und kommentiert, einen angemessenen Einsatz der KPR veranschaulicht.

Eine wichtige allgemeine Voraussetzung zur Anwendung der KPR stellt die genaue Kenntnis des CBASP-Störungs- und Veränderungsmodells dar (▶ Kap. 3.2). Von den Annahmen der Störungstheorie ausgehend, hat die KPR das eindeutig formulierte Ziel, Patienten mit chronischer Depression mit ihrer personalen Umwelt in Verbindung zu bringen, also ihnen zu helfen, die zwischenmenschlichen Folgen des eigenen Verhaltens zu erkennen. Bei der KPR wird hierzu die therapeutische Beziehung selbst eingesetzt. Der Therapeut setzt Selbstöffnungen – vor allem Hinweise auf das eigene emotionale Erleben – kontingent auf spezifisches, interpersonell relevantes Verhalten des Patienten ein. Die Kontingent Persönliche Reaktion ist somit nichts anderes als eine Selbstöffnung des Therapeuten. Wie weiter oben bereits erwähnt, beinhaltet die klare Zielorientierung dieses Vorgehens, dass im Rahmen der therapeutischen Selbstöffnungen nicht einfach etwas aus dem Alltag oder der Biografie des Therapeuten erzählt wird oder gar Selbstöffnungen zur eigenen Emotionsregulation eingesetzt werden.

McCullough (2012) formuliert zwei Eigenschaften der Therapeutenrolle, die er als essenziell zur Anwendung der KPR ansieht: »die Fähigkeit, mit Patienten man selbst zu sein, was bedeutet auf natürliche Weise im Moment zu reagieren« (S. 83). Damit weist McCullough darauf hin, dass es sich bei der KPR tatsächlich um eine *persönlich* geprägte Intervention handelt. Sie erfordert vom CBASP-Therapeuten die Bereitschaft und die Fähigkeit, als Person sichtbar zu werden – sicherlich deutlich mehr, als es z. B. in der kognitiven Verhaltenstherapie der Fall ist. In aller Regel setzt die KPR deshalb ein hohes Maß an Selbstreflexion und -erfahrung voraus. Zudem ist mit dem Hinweis auf die »natürliche Weise im Moment« angedeutet, dass die KPR per se nur eingeschränkt schematisiert werden kann.

Die zweite Eigenschaft, die mit der CBASP-Therapeutenrolle verknüpft ist, lautet: »die Fähigkeit, die eigenen Reaktionen sorgfältig und vorsichtig einzusetzen« (McCullough, 2012, S. 83). Die KPR wird nur dann eingesetzt, wenn sie eine Verhaltensänderung auf Patientenseite ermöglicht. Sie stellt eine verhältnismäßig selten eingesetzte Interventionsstrategie im CBASP dar. Ausgangspunkt für eine KPR ist zumeist Patientenverhalten, das darauf schließen lässt, dass die interpersonellen Konsequenzen des Verhaltens dem Patienten nicht gegenwärtig sind. So kann ein chronisch depressiver Patient die Konsequenz seines Verhaltens – durch stetige, negative Bewertungen der Behandlung mit Aussagen wie »es hilft mir ja sowieso nichts« oder »bei mir ist alles vergeblich« oder »Sie können mir auch nicht helfen«–, nämlich eine zunehmende Frustration des Therapeuten, völlig übersehen bzw. nicht wahrnehmen. Ohne die Möglichkeit der KPR würden Therapeuten im Rahmen der Behandlung durch ihre zunehmende Frustration sich gegebenenfalls immer weniger engagieren und das Interesse an diesem Patienten verlieren. In einem weiteren Sinne handelt es sich somit um ein Verhalten des Patienten, das den Therapiefortschritt hemmt oder behindert. Im Rahmen einer KPR spricht der Therapeut in dem Moment, in dem der Patient erneut eine solche Aussage tätigt, seine Frustration als Folge des Patientenverhaltens an.

Während in der ursprünglichen Konzeption von McCullough dysfunktionales Patientenverhalten, das zu negativen emotionalen Reaktionen des Therapeuten führt, als Ausgangspunkt für eine KPR vorgesehen ist, haben Brakemeier und Normann (2012) auch positive Verhaltensänderungen des Patienten als Ausgangspunkt einer »positiven« KPR herausgearbeitet. Ein Beispiel hierfür ist, wenn der Therapeut folgendermaßen reagiert: »Ich freue mich wirklich sehr, dass Sie es das erste Mal geschafft haben, Nein zu sagen.« Vor allem in der Anwendung von CBASP im stationären Kontext, bei der mehrere Berufsgruppen in einem multiprofessionellen Team zusammenarbeiten, ist die Anwendung der positiven KPR von besonderer Bedeutung (▶ Kap. 8.2). Denn positive KPR können sehr gut von Pflegekräften im Stationsalltag zum Ausdruck gebracht werden. Hat ein Krankenpfleger im Rahmen von regelmäßigen Pflegegesprächen eine tragfähige Beziehung zu einem Patienten aufgebaut und verfügt über die entsprechenden CBASP-Kenntnisse, kann er auch im Sinne der KPR kontingent reagieren, wenn er durch das Patientenverhalten bedingt, negative Emotionen erlebt.

Neben der Kenntnis des CBASP-Störungsmodells allgemein ist die Übertragungshypothese im Besonderen eine wichtige Voraussetzung für die Anwendung der KPR. Der Therapeut sollte sich der Übertragungshypothese und des darin formulierten interpersonellen Fokus bewusst sein. Hilfreich ist darüber hinaus, sich anhand des IMI – das, wie oben beschrieben in der ersten Therapiephase vom Therapeuten bearbeitet wird – des interpersonellen Sogs, der vom Patienten ausgehen kann, bewusst zu sein. Bei einem Patienten, der beispielsweise besonders negative Erfahrungen mit seinen prägenden Bezugspersonen im Bereich »Fehler, Versagen« gemacht hat und auf eine Fehlleistung den Therapeuten feindselig-dominant attackiert (z. B. mit der Aussage »Sie legen es doch nur darauf an, mich bloß zu stellen«), sollte dieser eben nicht dem interpersonellen Sog folgend (komplementär) sich feindselig-submissiv zunehmend zurückziehen, obwohl er sich tatsächlich über die Aussage des Patienten ärgert. Die KPR gibt ihm vielmehr die Möglichkeit, den Patienten auf die Folgen seines Verhaltens aufmerksam zu machen und mit ihm alternative Verhaltensweisen zu erarbeiten.

Wenngleich oben auf die persönlich geprägte, auf natürliche Weise zum Einsatz gebrachte KPR hingewiesen wurde, die sich weniger gut in einem Ablaufschema einfangen lässt, haben Klein und Belz (2014) sowie Klein, Backenstraß et al. (2018) vorwiegend aus didaktischen Gründen folgenden Ablauf systematisiert beschrieben.

1. Schritt:
   Der Therapeut benennt das Verhalten des Patienten, das seine emotionale Reaktion ausgelöst hat. Dies setzt voraus, dass sich der Therapeut seines emotionalen Erlebens in diesem Moment bewusst ist und dass er dies eindeutig mit dem Verhalten seines Patienten, das dieser gerade gezeigt hat, in Verbindung bringt.
2. Schritt:
   Der Therapeut offenbart sich (Selbstöffnung), er teilt dem Patienten mit, wie er sich gerade als Folge des gezeigten Patientenverhaltens fühlt. Hierbei ist es wichtig, dass die Aufmerksamkeit des Patienten weg von der eigenen Person hin zum Therapeuten umgelenkt wird. Der Therapeut kann beispielsweise seinen Patienten fragen, ob sich dieser denken könne, wie er sich (der Therapeut) als Reaktion auf das gezeigte Patientenverhalten wohl gerade fühlen würde. Er kann den Patienten auch bitten, zu beschreiben, welche Reaktion er gerade bei ihm wahrgenommen hat. Dieses Vorgehen kann dazu beitragen, die Empa-

thie-Fertigkeiten des Patienten zu üben. Auch wenn der Prozess – ganz gewollt – an dieser Stelle durch die Fragen des Therapeuten verlangsamt wird, ist die klare Mitteilung der emotionalen Reaktion des Therapeuten das Kernelement.

3. Schritt:
Der Therapeut fragt, ob der Patient seine (die des Therapeuten) emotionale Reaktion bewirken wollte/bezweckt hat. Dieser Schritt ist sehr wichtig, da er den Patienten überprüfen lässt, ob er mit seinem Verhalten das eingetretene Ergebnis angestrebt hat. Im Prinzip ist es ein Abgleich zwischen tatsächlichem und gegebenenfalls erwünschtem Ergebnis, das dem Patienten bereits aus der Situationsanalyse bekannt ist.

4. Schritt:
Der Therapeut erarbeitet mit dem Patienten adaptives interpersonelles Verhalten.

5. Schritt:
Der Therapeut kann abschließend seine emotionale Reaktion auf das adaptive Verhalten des Patienten diesem mitteilen und damit in den gewünschten Kontext stellen.

Es sei nochmals darauf hingewiesen, dass dieser Ablauf nicht immer wieder streng schematisiert durchlaufen werden muss und damit der *persönliche* Ton der Intervention verloren geht. Es sollte aber deutlich werden, dass es sich bei der KPR um ein Vorgehen handelt, das dosiert, mit Bedacht und unter der eindeutigen Zielperspektive der Verhaltensänderung auf Seiten des Patienten eingesetzt werden sollte.

Eine KPR kann schließlich Ausgangspunkt für die Anwendung einer IDÜ sein. Wenn in der therapeutischen Sitzung noch ausreichend Zeit bleibt, kann es sinnvoll sein, mit dem Patienten im Sinne einer IDÜ zwischen dem gerade gezeigten Therapeutenverhalten und dem Verhalten früherer prägender Bezugspersonen zu differenzieren. In aller Regel ist das Gespräch im Verlauf einer KPR emotional für den Patienten jedoch so aufgeladen, dass ihn eine weitere, mehrere Schritte umfassende Intervention, die sich die therapeutische Beziehung zu Nutze macht, überfordern würde.

Um noch einmal auf die Indikation für den Einsatz einer KPR zurückzukommen: McCullough bezeichnet Patienten, die nicht in der Lage sind, von der CBASP-Behandlung allgemein oder der Situationsanalyse im Besonderen aufgrund ihres interpersonellen Verhaltens zu profitieren als »pre-therapy«-Patienten. Das Verhalten eines solchen »pre-therapy«-Patienten kann z. B. dadurch gekennzeichnet sein, dass er ohne Punkt und Komma spricht, so dass der Therapeut »keinen Fuß zwischen die Tür bekommt« oder der Patient wechselt immer dann das Thema, wenn etwas Bedeutsames angesprochen wird, oder der Patient vermeidet durchweg Augenkontakt oder verhält sich vollkommen still, oder der Patient wertet den Therapeuten durchweg ab und wirft ihm Inkompetenz vor, usw. All solche destruktiven Verhaltensweisen eines »pre-therapy«-Patienten können Ausgangspunkt für eine KPR des Therapeuten sein (McCullough et al. 2015).

Im folgenden ausführlichen Fallbeispiel sollen die verschiedenen CBASP-Interventionen anschaulich dargestellt werden.

# 6 Klinisches Fallbeispiel

Im Folgenden wird die CBASP-Behandlung eines männlichen Patienten, Herr L., ausführlich beschrieben. Dabei werden soziodemografische und klinische Merkmale insoweit verändert, dass eine Identifikation des Patienten aus datenschutzrechtlichen Gründen und zum Schutz des Betroffenen nicht möglich ist. Die Behandlung wurde im ambulanten Setting über einen Zeitraum von knapp 1,5 Jahren durchgeführt, wobei in der Anfangsphase der Therapie wöchentliche, im letzten Quartal zwei Sitzungen pro Monat stattfanden. Die Therapie umfasste so insgesamt 45 Therapiesitzungen.

Herr L. war zu Therapiebeginn 34 Jahre alt. Er lebe alleine, habe keine Partnerin. Auf Nachfrage berichtet er, heterosexuell zu sein. Er sei der zweite Sohn eines Bäckers und seiner Ehefrau, die gemeinsam eine eigene Bäckerei aufgebaut hätten und seit Jahren führten. Die Bäckerei liege im Erdgeschoss des Hauses der Familie. Der Vater habe gebacken, die Mutter habe sich um den Verkauf und die Verwaltung der Bäckerei gekümmert. Es sei zunächst eine kleine Bäckerei, ein »Ein-Mann-Betrieb« gewesen, später habe man expandiert. Ein Bruder sei drei Jahre älter, eine Schwester etwas mehr als drei Jahre jünger. Herr L. habe die Grundschule und danach die Realschule besucht. Nach Abschluss der Realschule habe er auf eine weiterführende Schule gehen wollen, der Vater habe aber darauf bestanden, dass er eine Lehre als Bäcker beginne, die er dann auch abgeschlossen habe. Später habe er in der Bäckerei des Vaters gemeinsam mit seinem älteren Bruder gearbeitet, habe zwischenzeitlich die Qualifikation zum Bäckermeister erfolgreich erworben und arbeite immer noch in der »Familienbäckerei«, bei der die Leitung vom Vater auf den älteren Bruder in absehbarer Zeit übergeben werden soll.

## 6.1 Krankengeschichte und Diagnostik

Herrn L. wurde eine ambulante CBASP-Therapie im Zuge einer stationär-psychiatrischen Behandlung empfohlen. Aus dem Arztbrief, in dem die stationäre Behandlung dokumentiert ist, geht hervor, dass die Diagnosen einer schweren depressiven Episode (ICD-10: F32.2) und einer Dysthymie (ICD-10: F34.1) gestellt wurden. Die Aufnahme zur stationären Therapie sei vom Patienten selbst veranlasst worden, da er nicht mehr weiter gewusst und sich erhebliche Sorgen gemacht habe, dass er sich das Leben nehmen könne. Suizidversuche habe es jedoch nicht gegeben. Die stationäre Behandlung, die schwerpunktmäßig als medikamentöse Therapie durchgeführt worden sei, habe zu einer deutlichen Besserung der Symptomatik geführt. Er leide aber immer noch unter einer niedergedrückten Stimmung – wenn auch nicht mehr in der Ausprägung wie vor der stationären Therapie – und fühle sich nach wie vor relativ schnell erschöpft. Zum Krankheitsverlauf lässt sich dem Arztbrief entnehmen (und wird auch so von Herrn L. bestätigt), dass er erstmals in stationär-psychiatrischer Behandlung gewesen sei. Es sei ihm psychisch auch noch nie so schlecht gegangen, wie vor und zu Beginn der stationären Therapie. Seine Stimmung sei aber – soweit er sich erinnern kann – schon sehr lange »nicht gut«. Bereits gegen Ende der Pubertät und spätestens in den letzten Monaten der Realschulzeit habe er sich häufiger gefragt, »was soll das Ganze?«. Er habe selten Freude empfunden und habe Schwierigkeiten gehabt, Freunde zu finden. Eine ambulant psychotherapeutische oder psychiatrische Behandlung habe er vor der stationären Therapie nie in Anspruch genommen.

Vor der Verschlechterung seines psychischen Zustandes habe sich die bis dahin erste und einzige Freundin von ihm getrennt. Zudem habe es Konflikte in der Familie gegeben, da der Bruder die Bäckerei habe übernehmen sollen, der Vater aber nicht wirklich in die »zweite« Reihe habe treten wollen. Herr L. selbst habe beabsichtigt, den Familienbetrieb zu verlassen, was der Vater und die Mutter ihm jedoch haben ausreden wollen.

## 6.1.1 Psychischer Befund zu Therapiebeginn

Herr L. ist vollständig orientiert. Im Kontaktverhalten zurückhaltend, eingeschränkter Blickkontakt. Leichte Konzentrationsstörungen werden beklagt. Formales Denken bis auf leichte Grübelneigung unauffällig. Keine inhaltlichen Denkstörungen, keine Ich-Störungen, keine Wahrnehmungsstörungen. Niedergestimmt, Schwingungsfähigkeit leicht eingeschränkt, Ängste in sozialen Situationen. Antrieb leicht reduziert. Vermindertes Interesse. Innere Unruhe, ansonsten psychomotorisch unauffällig. Leichte Erschöpfbarkeit. Schlaf unter Medikation wieder ausreichend. Ausreichend Appetit vorhanden. Suizidale Gedanken sowie Suizidpläne werden verneint. Krankheitseinsicht und Behandlungsmotivation gegeben.

## 6.1.2 Ergebnisse der Eingangsdiagnostik

### Kategoriale Diagnostik mit Hilfe des Strukturierten Klinischen Interviews nach DSM-5

Im Strukturierten Klinischen Interview nach DSM-5 (SCID-5-CV, Beesdo-Baum et al. 2019a) erfüllt Herr L. die Kriterien einer Persistierenden Depressiven Störung mit intermittierenden Episoden einer Major Depression mit aktueller Episode (und einer vorausgehenden Dysthymie; ▶ Abb. 4.1). Damit werden die Diagnosen bezüglich der depressiven Störungen, wie sie im Rahmen der stationären Behandlung gestellt wurden, bestätigt. Im Strukturierten Klinischen Interview für DSM-5 – Persönlichkeitsstörungen (SCID-5-PD; Beesdo-Baum et al. 2019b) erfüllt Herr L. für keine der aufgeführten Persönlichkeitsstörungen ausreichend viele Kriterien, um die Vergabe einer entsprechenden Diagnose zu rechtfertigen. Es zeigt sich bei Herrn L. jedoch eine Akzentuierung einer vermeidend-selbstunsicheren Persönlichkeitsstörung nach DSM-5 mit drei erfüllten Kriterien (von maximal sieben Kriterien).

## Dimensionale Diagnostik anhand von Selbstbeurteilungsinstrumenten

Depressivität: Herr L. erzielt im BDI-II (Hautzinger et al. 2006) zu Beginn der ambulanten Therapie einen Wert von 25, was nach den empfohlenen Cut-off-Werten einer mittelschweren Depressivität entspricht.

Interpersonelle Probleme: In der 32-Item-Version des IIP-D (Horowitz et al. 2016; ▶ Kap. 4.4) erreicht Herr L. folgende Skalenwerte: autokratisch/dominant Stanine 2 (Stanine [ST]-Werte von 1 bis 3 werden als wenig ausgeprägt, ST von 4 bis 6 als normal und ST von 7 bis 9 als stark ausgeprägt interpretiert); streitsüchtig/konkurrierend ST 3; abweisend/kalt ST 1; introvertiert/sozial vermeidend ST 9; selbstunsicher/unterwürfig ST 8; ausnutzbar/nachgiebig ST 8; fürsorglich/freundlich ST 7; expressiv aufdringlich ST 1.

## 6.2 Fallkonzeption

Im Zentrum der CBASP-Fallkonzeption steht die Liste der prägenden Bezugspersonen gemeinsam mit der Übertragungshypothese. Zudem wird das Ergebnis des IMI genutzt, das der Therapeut zur Beurteilung des Patienten ausgefüllt hat. Darüber hinaus empfiehlt McCullough (2000), dass sich der Therapeut nach den ersten Therapiesitzungen – in aller Regel nach Formulierung der Übertragungshypothese – fragt, was er seinem Patienten mitgeben möchte, was ihm – auf den Punkt gebracht – wichtig ist, dass der Patient durch die Behandlung lernen sollte.

### 6.2.1 Darstellung der Liste der prägenden Bezugspersonen

Nach der ausführlichen diagnostischen Beurteilung, die sich – inklusive der Besprechung der Diagnostik-Ergebnisse – über etwas mehr als zwei

Therapiesitzungen hinzog, wurde Herr L. über den Psychotherapieansatz CBASP und die Bedeutung zwischenmenschlicher Beziehungen im CBASP aufgeklärt. Zudem wurde Herr L. darüber informiert, dass die therapeutische Beziehungsgestaltung sehr wahrscheinlich anders sein würde, als er dies während seiner stationären Behandlung erlebt habe. Insbesondere wurde er auf das zu erwartende, persönliche Einbringen des Therapeuten hingewiesen.

Danach wurde mit Herrn L., wie im Kapitel »Kernelemente der Therapie« ausführlich beschrieben (▶ Kap. 5.2), die Liste der prägenden Bezugspersonen erhoben. Er nannte als prägende Bezugspersonen den Vater, die Mutter, den älteren Bruder, eine frühere Freundin sowie einen früheren Klassenkameraden in der aufgeführten Reihenfolge.

**Vater**

Den Vater beschreibt Herr L. als großen, eher korpulenten Mann, der die Familie schon immer ausgesprochen dominiert habe (und dies auch immer noch tue). Er sei nahezu herrschsüchtig und habe, sofern er nicht in der Bäckerei gewesen sei, auch in kleinen Dingen vorgegeben, was zu tun sei. Er habe dann auch bestimmt, in welche weiterführende Schule Herr L. habe gehen sollen (Realschule), obwohl der Patient von den Noten her auf das Gymnasium hätte gehen können und dies auch gerne getan hätte. Dem Vater sei es wichtig gewesen, dass alles und alle nach seinen Vorstellungen funktionieren. Wenn mal etwas nicht so nach dem Willen des Vaters gelaufen sei, sei er aufbrausend gewesen, habe geschrien und auch mal »Schläge verteilt«. Herrn L. sind keinerlei Zärtlichkeiten, Liebkosungen oder »in-den Arm-nehmen« in Erinnerung. Im Alltag sei der Vater jedoch von früh am Morgen (zumeist vor fünf Uhr) bis zum späten Nachmittag/ frühen Abend in der Bäckerei gewesen. Er sei wenig verfügbar gewesen.

Prägung: »Ich gebe lieber klein bei, sonst wird es gefährlich!«

**Mutter**

Die Mutter sei vom Typ her eher etwas ängstlich, zugleich aber auch sehr leistungsfähig und »zäh«. Sie habe häufig in der Bäckerei mitgearbeitet.

Wenn sie vor dem Vater in der Wohnung gewesen sei, habe sie sich um die Kinder gekümmert, nachgefragt und auch mal Herrn L. in den Arm genommen. Sie habe nach aufbrausendem Verhalten des Vaters in dessen Abwesenheit den Kindern empfohlen, doch besser zu tun, was dieser verlange, damit ihnen nichts Schlimmeres passiere. Sie habe dann den Vater auch immer verteidigt und gesagt, dass er doch nur das Beste wolle. Später habe sie sich gefreut, dass Herr L. die Schule und die Ausbildung sehr gut absolviert habe.

Prägung: »Ich tue, was man von mir verlangt, dann passiert mir nichts!«

### Älterer Bruder

Der Bruder sei drei Jahre älter. Herr L. habe sich als Kind gewünscht, dass der Bruder mit ihm spiele und sich für ihn interessiere. Der Bruder habe aber davon nichts wissen wollen. Er habe einerseits schon früh in die Backstube mitkommen müssen, andererseits habe er die freie Zeit lieber mit gleichaltrigen Freunden verbracht. Diese hätten sich über ihn, den jüngeren Bruder, immer wieder lustig gemacht. Als dann der Bruder mit der Lehre als Bäcker begonnen habe, habe er angefangen, Herrn L. Vorgaben zu machen, habe sich wie der Vater benommen und bestimmen wollen, was Herr L. zu tun habe. Der Vater habe im Verlauf der Ausbildung des Bruders schon frühzeitig bestimmt, dass dieser später einmal die Bäckerei übernehmen solle.

Prägung: »Keiner nimmt mich ernst und will etwas mit mir zu tun haben«.

### Frühere Freundin

Er habe bisher eine Freundin/Partnerin gehabt und sei mit dieser sechs Jahre zusammen gewesen. Die Beziehung sei vor ungefähr fünf Monaten auseinander gegangen. Die Freundin habe sich von ihm getrennt, da er sich immer mehr zurückgezogen habe. Sie habe ihm zum Vorwurf gemacht, dass er sich mehr mit der Bäckerei bzw. seiner Familie beschäftige als mit ihr. Die ersten Jahre, insbesondere die ersten Monate der Beziehung, seien die glücklichsten seines Lebens gewesen. Er wisse aus dieser Zeit, dass es ihm auch besser gehen könne. Trotz seiner Schüchternheit seien er und seine Freundin die ersten Jahre sich »auf Augenhöhe« begegnet. Die letzten Jahre Monate habe er sich jedoch zusehends unterlegen gefühlt, habe der Freundin nicht mehr »gerecht werden« können.

Prägung: »Letztendlich hält es doch niemand mit mir aus.«

### Früherer Klassenkamerad

Klaus sei ein Klassenkamerad aus der Realschulzeit gewesen. Mit ihm habe er sich gut verstanden. Dieser sei ihm auch mal zur Seite gestanden, wenn andere Jungs sich über ihn lustig gemacht und ihn provoziert hätten. Mit Klaus habe er häufig seine Freizeit verbracht. Nach der Realschulzeit sei Klaus aber mit seiner Familie in eine andere Stadt gezogen. Sie hätten sich dann schnell aus den Augen verloren.

Prägung: »Ich kann mich langfristig auf niemanden verlassen.«

---

**Zusammenfassung der Prägungen:**

| | |
|---|---|
| Vater: | Ich gebe lieber klein bei, sonst wird es gefährlich. |
| Mutter: | Ich tue, was man von mir verlangt, dann passiert mir nichts. |
| Bruder: | Keiner nimmt mich ernst und will etwas mit mir zu tun haben. |
| Frühere Freundin: | Letztendlich hält es doch niemand mit mir aus. |
| Früherer Klassenkamerad: | Ich kann mich langfristig auf niemanden verlassen. |

---

## 6.2.2 Übertragungshypothese

Nach der Erarbeitung der Liste der prägenden Bezugspersonen stellte der Therapeut in der darauffolgenden Sitzung Herrn L. die Frage, was er vor dem Hintergrund der Prägungen vermute, das zwischen ihnen beiden passieren müsse, um diese Prägungen zu aktivieren. Er erläuterte ergänzend, dass Personen unter bestimmten Umständen in aktuellen zwischenmenschlichen Situationen Erwartungen an ihre Interaktionspartner entwickeln, die sie schwerpunktmäßig aufgrund früherer Erfahrungen (nämlich mit prägenden Bezugspersonen) und weniger aufgrund der gegenwärtigen Situation haben.

In der Vorbereitung der Sitzung ging der Therapeut die Liste und Prägungen des Herrn L. nochmals durch. Dabei schloss er aus, dass der interpersonelle Hauptfokus seines Patienten in den Bereichen »Fehler, Versagen« und »Nähe, Vertrautheit« liegen würde, da Herr L. weder besondere Strafen bei Leistungsversagen erleiden musste, noch keinerlei Nähe erlebt oder traumatisierende Erfahrungen mit Nähe gemacht hatte (Nähe zu Mutter und später zur früheren Freundin wurden erlebt). Hinsichtlich der beiden anderen Bereiche (▶ Tab. 5.2) vermutete der Therapeut eine größere Bedeutung bei dem Thema »emotionale Bedürfnisse«, ohne »Ausdruck negativen Affekts« sicher ausschließen zu können.

Nach anfänglichem Zögern konnte Herr L. schließlich im Gespräch äußern, dass er befürchte, seine wirklichen inneren Nöte nicht ansprechen zu können. Gemeinsam formulierten Therapeut und Herr L. dann folgende Übertragungshypothese:

»Wenn ich gegenüber Herrn Backenstraß wirklich sage, was ich möchte und brauche, dann wird er nicht darauf eingehen; er wird ärgerlich reagieren und bestimmen, wie es weiter geht«.

### 6.2.3 Ergebnis des IMI

Die Bearbeitung des IMI durch den Therapeuten ergab das in Abbildung 6.1 dargestellte Profil.

Ersichtlich wird dabei, dass der Therapeut Herrn L. submissiv/unterwürfig einschätzt. Der Patient zeigt die höchsten Werte auf den drei Skalen, die Unterwürfigkeit enthalten. Den höchsten Wert bekommt Herr L. auf der Skala »submissiv«. Aber auch die Werte auf den Skalen »feindselig-submissiv« und »freundlich-submissiv« sind deutlich ausgeprägt. Die Einschätzung des Therapeuten deckt sich somit ziemlich mit der Selbstbeurteilung des Patienten anhand des IIP-D (siehe oben).

*Zusammenfassend* ging der Therapeut von dem Vorliegen einer chronischen Depression im Sinne einer Double Depression mit frühem Beginn

# 6 Klinisches Fallbeispiel

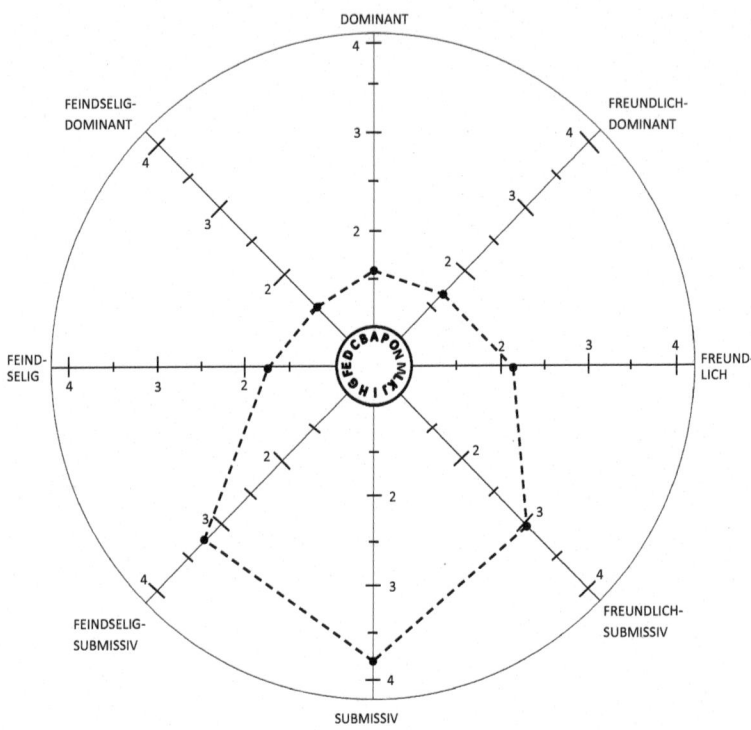

**Abb. 6.1:** Kiesler-Kreis-Profil des Patienten Herr L. (McCullough JP, Goldfried MR (2000) Treatment for Chronic Depression. Cognitive Behavioral Analysis System of Psychotherapy (CBASP). © Guilford Press. Abdruck mit freundlicher Genehmigung von The Guilford Press.)

aus. Vor allem die Prägungen durch den Vater, die Mutter und den älteren Bruder trugen dazu bei, dass Herr L. interpersonell sehr unterwürfig interagiert, seine eigenen Bedürfnisse nicht zur Sprache bringt und keinesfalls sich für diese einsetzt, wenn er mit Widerstand seitens des Interaktionspartners rechnet. Lebensgeschichtlich verstehbare (Prägungen!) und interpersonelle Ängste veranlassten Herrn L. vielmehr dazu, Bedürfnisse und eigenes Erleben für sich zu behalten und sich den Vorgaben und Forderungen anderer Personen anzupassen. Der jahrelange Prozess des Übergehens eigener Bedürfnisse und des vermehrten interpersonellen Rückzugs haben – in

Übereinstimmung mit den Annahmen von CBASP – dazu geführt, dass Herr L. sich nur ansatzweise seiner Einflussnahme interpersoneller Situationen bewusst war und ist. Durch diese Prozesse erschien im Wesentlichen die Dysthymie bedingt. Die familiären Konflikte bezüglich der Übergabe der Bäckerei sowie die Trennung der Freundin hatten dann eine zusätzliche Depressive Episode begünstigt. Vor dem Hintergrund dieser Fallkonzeption war der Therapeut besonders darauf bedacht, die therapeutische Beziehung insgesamt nicht überwiegend (freundlich-)dominant zu gestalten, was aufgrund der Komplementaritätsannahme nach Kiesler (1996) erhöht wahrscheinlich gewesen wäre (»Interaktionsfalle« bei dem sehr unterwürfigen Patienten). Zudem wollte er dem Patienten mitgeben, dass dieser sich in der »Erwachsenenwelt« sehr wohl trauen kann, eigene Bedürfnisse zu formulieren und sich für deren Erfüllung einzusetzen.

## 6.3 Behandlungsverlauf

Nach der Erhebung der Liste der prägenden Bezugspersonen sowie der Formulierung der Übertragungshypothese wurde Herr L. in der 5. Therapiesitzung in die Analyse von zwischenmenschlichen Situationen eingeführt. Er konnte sich relativ schnell in die Methodik der Situationsanalyse einarbeiten und zwischen den Therapiesitzungen selbstständig Situationen anhand des Schemas für die Erhebungsphase dokumentieren. In der 8. Therapiesitzung berichtete er beispielsweise, dass es in der Bäckerei zu einer Situation gekommen sei, in der er dem Auszubildenden erlaubt habe, früher zu gehen, obwohl er selbst nach der Arbeit etwas vorgehabt habe und die Bäckerei habe pünktlich verlassen wollen.

### 6.3.1 Eine beispielhafte Situationsanalyse

Der Therapeut erarbeitet mit Herrn L. anhand des Situationsanalyse-Schemas die unten dargestellte Erhebungsphase der Situationsanalyse. Es handelt sich um eine relativ typische Situation, die Herr L. am Anfang der Behandlung zur genaueren Analyse einbringt. Vielen dieser Situationen ist gemein, dass Herr L. nach seinem Empfinden von anderen Personen »überrumpelt« wird und nicht für seine eigenen Pläne und Vorhaben einstehen kann. Er bleibt dann frustriert zurück, ärgert sich und scheint nicht in der Lage, der Situation eine andere Wendung zu geben.

Wie dem Beispiel unten zu entnehmen ist, entspricht die erarbeitete Erhebungsphase weitgehend den Vorgaben von CBASP (▶ Kap. 5.4). Lediglich bei der Formulierung des erwünschten Ergebnisses wäre es vorteilhafter gewesen, wenn der Patient hätte angeben können, was er selbst hätte tun müssen/können, um sein Ergebnis zu erreichen. Herr L. hätte an dieser Stelle der Situationsanalyse beispielsweise formulieren können: »Ich schaue den Azubi an und sage ihm angemessen laut und verständlich, dass er heute leider nicht früher gehen könne«. Ein so formuliertes, erwünschtes Ergebnis hätte den Kriterien »erreichbar« und »realistisch« entsprochen. Der Therapeut entschied sich jedoch, – im Sinne eines Shaping-Prozesses und vor dem Hintergrund der geplanten Beziehungsgestaltung – die Formulierung von Herrn L. zu akzeptieren und mit ihr weiter zu arbeiten.

In der nachfolgenden Lösungsphase wurden die drei gelisteten Interpretationen nacheinander darauf geprüft, ob sie zutreffend und relevant und damit insgesamt hilfreich waren, das erwünschte Ergebnis zu erreichen. Keine der Interpretationen wurde als hilfreich erachtet. Sie wurden deshalb mit der Handlungsinterpretation »Sage, dass er heute erst nach getaner Arbeit gehen kann!« ersetzt.

Im nächsten Schritt der Lösungsphase ging es um die Veränderung des interpersonellen Verhaltens. Um das erwünschte Ergebnis zu erreichen – so formulierte Herr L., der aus den vorausgehenden Situationsanalysen bereits gelernt hatte, auf was es ankommt – müsse er den Azubi anschauen und dann verständlich und bestimmt sagen, dass er nicht früher gehen könne. Der Therapeut schlug Herrn L. vor, das formulierte Verhalten gleich auszuprobieren und führte mehrere kurze Rollenspiele durch, wobei es Herrn L. immer besser möglich war, klar, bestimmt und verbindlich seine Vorgabe als Vorgesetzter zu formulieren.

Nach Abschluss dieses Schrittes der Lösungsphase fasste der Patient auf Bitte des Therapeuten hin zusammen, was er gelernt hat. Für Herrn L. war es wichtig zu erkennen, dass er sich erstens seiner eigenen Vorhaben und

**Beispielhafte Erhebungsphase einer Situationsanalyse von Herrn L.**

**Situationsanalyse**

Situation: ☐ Partnerschaft ☐ Familie ☒ Beruf ☐ Freunde/Bekannte

1. Situationsbeschreibung (Was ist in dieser Situation passiert?)
*Bin in der Backstube und der Auszubildende kommt hinzu. Er fragt, ob er heute etwas früher nach Hause gehen könne, da er zu einem Fußballspiel möchte. Ich zögere kurz, erlaube dem Azubi dann zu gehen, was dieser sofort in die Tat umsetzt und geht.*
2. Interpretation der Situation (Wie haben Sie die Situation aufgefasst/interpretiert?)
*a. Du kannst dem Azubi die Bitte nicht ablehnen!*
*b. Mist, jetzt läuft es wieder blöd!*
*c. Warum kann der sagen, was er will?*
3. Verhalten in der Situation (Beschreiben Sie, wie Sie sich in der Situation verhalten haben)
*Ich habe den Azubi nur kurz angeschaut, habe dann kurz »ja« gesagt und habe mich dann wieder an die Arbeit gemacht.*
4. Tatsächliches Ergebnis (Beschreiben Sie, wie die Situation für Sie ausging)
*Bleibe alleine mit der Arbeit zurück und muss deshalb länger arbeiten. Bin frustriert und ärgere mich über mich.*
5. Erwünschtes Ergebnis (Welchen Ausgang hätten Sie sich gewünscht?)
*Gemeinsam die Arbeit zu Ende bringen, so dass der Azubi und ich beide noch etwas vom Tag haben.*
6. Vergleich des tatsächlichen mit dem erwünschten Ergebnis (Haben Sie erreicht, was Sie wollten? Warum nicht?)
*Nein, ich habe nicht erreicht, was ich wollte.*
*Ich habe nicht gesagt, dass es mir nicht Recht wäre, wenn er jetzt schon geht.*

Pläne vergewissern und dass er dann zweitens auch handeln müsse. Die Reaktion des Therapeuten in der Rolle des Azubis habe ihn zudem überrascht, da er angenommen habe, mehr Widerstand und tendenziell auch aggressiv von dem Azubi angegangen zu werden. Dass der Azubi ohne Widerrede seiner Vorgabe gefolgt sei, habe er nicht für möglich gehalten.

Es war Herrn L. – im Sinne des letzten Schrittes der Lösungsphase – klar, dass er das in der Situationsanalyse Gelernte auf viele andere zwischenmenschliche Situationen, vor allem am Arbeitsplatz, anwenden könne.

## 6.3.2 Unterscheiden lernen zwischen Vater und Therapeuten (Beispiel einer Interpersonellen Diskriminationsübung)

Wie vor dem Hintergrund der Fallkonzeption zu erwarten war, bemühte sich Herr L. sehr, den Vorgaben und Vorschlägen des Therapeuten zu folgen. So brachte er nach Einführung der Situationsanalyse regelmäßig ausgefüllte Formblätter in die jeweils nächste Therapiesitzung mit und erarbeitete mit dem Therapeuten die Lösungsphase. Nach und nach berichtete er ergänzend von Verbesserungen hinsichtlich seiner depressiven Symptomatik.

In die 17. Therapiesitzung kam Herr L. deutlich angespannt. Die Frage des Therapeuten, ob denn etwas vorgefallen sei, verneinte er. Er berichtete jedoch, dass es ihm seit wenigen Tagen etwas schlechter gehe, er wieder schlechter schlafe und häufiger grüble. Erst bei der Frage des Therapeuten, ob es denn etwas gäbe, was er in der aktuellen Therapiesitzung besprechen möchte, antwortete Herr L. sehr zögerlich, dass er gerne ein »ernsthaftes Gespräch« mit seinem Bruder über seine Rolle in der Bäckerei und einem möglichen Arbeitsplatzwechsel führen wolle. Gerne würde er dieses Gespräch in der Therapiesitzung vorbereiten. Er nehme aber an, dass dies nicht möglich sei, da ja immer nur vergangene Situationen im Rahmen der Situationsanalysen besprochen werden könnten. Das zögerliche Ansprechen eines Wunsches nahm der Therapeut zum Anlass, eine Interpersonelle Diskriminationsübung anzubahnen. Es ergab sich ungefähr folgender Dialog.

## 6.3 Behandlungsverlauf

T: (Therapeut; freundlich zugewandt) Sie möchten heute also gerne über ein anstehendes Gespräch mit Ihrem Bruder sprechen?
P: (Patient; kein Blickkontakt, verhalten) Ja!
T: Und wissen aber nicht, ob dies hier möglich, ob dies hier erlaubt ist?
P: Ich glaube, es geht nicht.
T: Wissen Sie, dass ich mich richtig freue, dass Sie gerade einen Vorschlag gemacht haben, was wir besprechen könnten?
P: (Schaut den Therapeuten an) Ja? Sind Sie sich sicher? Wollen Sie dies wirklich mit mir heute besprechen?
T: Darf ich Sie – bevor wir damit beginnen – nochmals fragen, ob *Sie* dies gerne wollen?
P: (zögerlich) Ja, ich möchte das. Ich habe die letzten Tage ständig daran gedacht, wie ich mit meinem Bruder sprechen könnte und dann, ob ich die Frage mit Ihnen besprechen könnte.
T: Es freut mich wirklich, dass Sie den Mut haben, Ihren Wunsch zu äußern. Und das, obwohl Sie denken, es geht nicht, dass wir Ihr Anliegen zusammen bearbeiten. (Nach einer kurzen Pause fährt der Therapeut fort.) Das erinnert mich an unsere ersten Gespräche, in denen wir über Ihre Prägungen sprachen. Erinnern Sie sich auch noch?
P: Meinen Sie, als wir über meinen Vater und meine Mutter sprachen?
T: Ja, genau! Was glauben Sie, wie hätte Ihr Vater reagiert, wenn Sie sich getraut hätten, einen eigenen Vorschlag zu machen?
P: (Nach einer kurzen Denkpause) Er hätte mir nicht wirklich zugehört. Er wäre einfach über das, was ich gesagt habe, hinweg gegangen und hätte mir dann gesagt, was ich tun soll.
T: Okay, Ihr Vater hätte Ihnen gar nicht zugehört und Ihnen aber gesagt, was Sie tun sollen, richtig?
P: Ja, so wäre es bestimmt gewesen.
T: (Lässt eine kurze Pause, danach) Jetzt möchte ich Sie fragen, wie habe ich reagiert? Was haben Sie beobachtet?
P: (erstaunt, schaut den Therapeuten an) Ja, Sie? (Pause) Sie haben gesagt, dass es Sie freut, dass ich einen Wunsch äußere.
T: Haben Sie noch etwas beobachten können?
P: Ja, Sie haben gelächelt und mich etwas erwartungsvoll angeschaut.
T: (vor dem Hintergrund der formulierten Übertragungshypothese fragt der Therapeut) Haben Sie sehen können, ob ich verärgert war?

## 6 Klinisches Fallbeispiel

P: Ich bin mir nicht sicher, aber ich glaube, Sie waren nicht verärgert.
T: Also, bei mir haben Sie gesehen, dass ich gelächelt habe und dass ich gesagt habe, dass ich mich freue. Bitte, versuchen Sie die Unterschiede zwischen dem, wie sich Ihr Vater in solchen Situationen verhalten hat und wie ich mich verhalten habe, zu beschreiben.
P: (nach einer Pause) Mein Vater hat mir nicht zugehört und gesagt, was ich tun soll. Wenn ich nicht gleich darauf gehört habe, ist er wütend geworden. Und Sie haben zugehört und haben mir gesagt, dass Sie sich freuen. Sie haben nicht ärgerlich reagiert.
T: Und damit ich nicht reagiere und wie Ihr Vater über Ihr Anliegen hinweg gehe, beginnen wir gleich damit, das Gespräch vorzubereiten. Davor würde ich aber noch gerne von Ihnen wissen: Sind die Unterschiede im Verhalten Ihres Vaters im Vergleich zu mir von irgendeiner Bedeutung für Sie?
P: Meinen Sie, dass es eben Unterschiede gibt? Dass es Unterschiede zwischen Ihnen und meinem Vater, also zwischen verschiedenen Menschen gibt?
T: Ja, genau!
P: Und dass ich vielleicht probieren müsste, wie in meinem jetzigen Leben Personen reagieren, wenn ich einen Wunsch äußere?
T: Super, genau das ist die Konsequenz.
P: ...

Bei diesem therapeutischen Dialog, in dem eine IDÜ veranschaulicht ist, ist zu ergänzen, dass die Antwort des Therapeuten »Wissen Sie, dass ich mich freue ...« auch als eine kontingent persönliche Reaktion (KPR) verstanden werden kann. Im CBASP wird diese vorwiegend eingesetzt, wenn der Therapeut negative Gefühle erlebt (▶ Kap. 5.10). Der Therapeut hat sich an dieser Stelle – vor dem Hintergrund der Identifikation eines Hot spots – jedoch dafür entschieden, den therapeutischen Prozess im Sinne einer IDÜ weiterzuentwickeln.

Im Verlauf der weiteren Therapie boten sich dem Therapeuten weitere Gelegenheiten, eine IDÜ durchzuführen, da Herr L. immer mutiger wurde, Wünsche zu äußern, was er in der jeweiligen Sitzung besprechen möchte.

## 6.3.3 Vorbereitung eines wichtigen Gesprächs – Zukunftsanalyse

Nachdem Herr L. den Wunsch hatte, dass er mit seinem Bruder wegen seiner beruflichen Perspektive sprechen möchte, wurde folgende Zukunftsanalyse erstellt und das beschriebene interpersonelle Verhalten in mehreren Rollenspielen eingeübt. Im Zuge der Erarbeitung der Zukunftsanalyse führte der Therapeut zudem den Kiesler-Kreis ein, um Herrn L. vor dem Hintergrund der Komplementaritätsannahme zu verdeutlichen, wie der Bruder sehr wahrscheinlich reagieren könnte.

1. Situationsbeschreibung
   *Nachdem ich meinem Bruder mitgeteilt habe, dass ich mit ihm ein wichtiges Gespräch führen möchte, treffen wir uns bei ihm zu Hause. Wir werden gemeinsam in seinem Wohnzimmer sitzen und kurz über die Bäckerei plaudern. Dann werde ich ihm sagen, dass ich aus der Bäckerei aussteigen und mir einen anderen Arbeitsplatz suchen möchte. Er wird zunächst versuchen, mir dies auszureden. Ich werde aber mein Vorhaben wiederholen und mich kurz danach auf den Heimweg machen.*
2. Erwünschtes Ergebnis
   *Ich möchte, dass mein Bruder versteht, warum ich die Bäckerei verlassen und mir einen anderen Arbeitsplatz suchen will.*
   Obwohl auf Nachfrage des Therapeuten Herr L. dieses Ziel als erreichbar einschätzte, bat der Therapeut darum, das erwünschte Ergebnis um Angaben zum eigenen Verhalten zu ergänzen, worauf der Patient notierte:
   *Ich werde meinen Bruder beim Sprechen anschauen und angemessen laut und deutlich sprechen. Ich möchte nicht ›einknicken‹, wenn mein Bruder versucht, mich umzustimmen.*
3. Mögliche Hindernisse: Verhaltensweisen des Interaktionspartners
   *Mein Bruder könnte laut werden und mich anschreien oder er könnte mich ganz arg darum bitten, doch zu bleiben.*
4. Mögliche Hindernisse: Eigene Interpretationen
   *Ich könnte denken, ›Das kannst Du Deinem Bruder doch nicht antun‹, oder ›Mein Vater wird nicht mehr mit mir reden‹.*

5. Formulierung einer Handlungsinterpretation
   *Bleib bei Deiner Entscheidung und lass Dich nicht davon abbringen.*
6. Verhalten
   Herr L. wiederholte nochmals, wie er sich bzgl. Blickkontakt und Lautstärke verhalten wollte. Im Rollenspiel erarbeitete er sich schrittweise einige Sätze, die er dem Bruder sagen könnte, wenn dieser versuchen sollte, ihn davon zu überzeugen, die Bäckerei nicht zu verlassen.

Nachdem Herr L. diese Zukunftsanalyse erarbeitet und das Verhalten eingeübt hatte, kam er in die nächste Sitzung und berichtete, dass er noch nicht dazu gekommen sei, das Gespräch zu führen.

### 6.3.4 Therapeut zeigt sich betroffen und Konsequenzen (Beispiel einer Kontingent Persönlichen Reaktion)

In den der vorangegangenen Zukunftsanalyse folgenden Sitzungen brachte Herr L. weitere Situationsanalysen zur Bearbeitung mit in die Therapie. Auf die Thematik der erarbeiteten Zukunftsanalyse kam er von selbst nicht zu sprechen. Der Therapeut fragte jedoch immer wieder interessiert nach, ob Herr L. das Gespräch mit seinem Bruder gesucht habe, was der Patient verneinte. Seine Befindlichkeit schien sich in dieser Therapiephase wieder zu verschlechtern. Herr L. stellte seltener Blickkontakt her und schien affektiv weniger schwingungsfähig.

Nach einigen Therapiegesprächen, die nach diesem Muster verliefen, ergab sich folgender Dialog:

T: (Therapeut) Darf ich Sie fragen, ob Sie das Gespräch mit Ihrem Bruder führen konnten?
P: (Patient; nach einer kurzen Pause mit Blick zum Boden) Nein, ich habe nicht mit ihm gesprochen.
T: Sehen Sie eine Möglichkeit, wie ich Sie unterstützen kann, dass Sie Ihr Ziel erreichen?

P: (wiederum sehr zögerlich) Nein, Sie können mir nicht helfen, keiner kann mir helfen. Es ist besser, wenn wir die Therapie beenden.
T: Stopp, Moment mal, haben Sie gerade gesagt, dass ich Ihnen nicht helfen kann und dass es besser wäre, die Therapie zu beenden?
P: (leise, fast mehr zu sich als zum Therapeuten) Ja, das habe ich gesagt. (Pause)
T: Schauen Sie mich bitte an (Pause)! Was denken Sie, wie es mir geht, wenn Sie so etwas sagen?
P: Ich weiß nicht?
T: Darf ich es Ihnen sagen?
P: (nach kurzer Pause) Bitte!
T: Ich bin frustriert und fühle mich von Ihnen zurückgewiesen. Ich habe sehr gut in Erinnerung, wie wichtig Ihnen die Aussprache mit Ihrem Bruder wäre und jetzt werfen Sie die Flinte ins Korn und geben sich und unser gemeinsames Projekt auf. Das frustriert mich und macht mich auch ein bisschen ärgerlich.
P: Wirklich?
T: Und wissen Sie, was ich mich wirklich frage, ob Sie dies hier und jetzt beabsichtigen, ob es das ist, was Sie wirklich wollen?
P: (schaut erstaunt zum Therapeuten) Was meinen Sie?
T: Ob Sie beabsichtigen, dass ich frustriert und ärgerlich bin?
P: Natürlich nicht!
T: Warum verhalten Sie sich dann so?
P: Ich weiß es nicht, mir war nicht klar, dass Sie so reagieren.
T: Jetzt wissen Sie, wie ich reagiere, wenn Sie sagen, dass ich Ihnen nicht helfen kann, solange wir nicht alles ausprobiert haben.
P: Was meinen Sie, was wir tun können?
T: Bevor wir darüber sprechen, möchte ich Sie fragen, was Sie mit dem gerade zwischen uns Geschehenen machen?
P: Was meinen Sie?
T: Bedeutet dies Ihnen etwas, nehmen Sie etwas mit?
P: Meinen Sie, dass ich auch zwischen uns berücksichtigen soll, dass mein Verhalten Sie beeinflusst?
T: Ja, stimmt, genau das meine ich! Was Sie tun, beeinflusst mich und ich hoffe, dass das, was ich tue, Sie beeinflusst.

P: (nach einer kurzen Pause) Und wie können Sie mir helfen, dass ich doch noch mit meinem Bruder rede?
T: Ist es Ihnen mit dieser Frage wirklich ernst?
P: Ja, ist es mir. Ich denke, Sie hätten nicht so reagiert, wenn Sie nicht noch ein paar Ideen hätten.
T: Sehen Sie, wenn Sie wieder offen für unsere gemeinsame Arbeit sind, freue ich mich wirklich und bin sicher, dass Sie Ihr Ziel erreichen können.

Bei dieser verdichteten Darstellung eines Ausschnittes des therapeutischen Dialogs ist zu berücksichtigen, dass sich der Wortwechsel über mehrere Minuten hinzog. Der Therapeut verlangsamt absichtlich sein Vorgehen und lässt auch seinem Patienten Zeit, über das Gesprochene nachzudenken und dem Erlebten nachzuspüren.

Der vom Patienten ausgehende interpersonelle Sog (sein Verhalten lässt sich als feindselig-submissiv einordnen) wäre feindselig-dominantes Verhalten gewesen. Der Therapeut spürte tatsächlich Frustration und Ärger. Er nahm das Patientenverhalten und seine emotionale Reaktion als Anlass einer KPR. Die Intervention verlief insgesamt für den Patienten gewinnbringend. Auch wenn der Therapeut nicht explizit darauf einging, ermöglichte diese Sequenz dem Patienten eine zur Übertragungshypothese entgegengesetzte Erfahrung: Wenn ich mich zurückziehe und mich aufgebe, reagiert mein Therapeut frustriert und ärgerlich.

Nach diesem Therapiegespräch, in dem die bereits erarbeitete Zukunftsanalyse nochmals wiederholt, Hindernisse explizit analysiert und die Verhaltensfertigkeiten erneut eingeübt wurden, war es Herrn L. möglich, mit seinem Bruder zu sprechen. Dieser habe – so berichtete der Patient immer noch erstaunt – ganz anders reagiert, als befürchtet. Der Bruder sei schnell auf den Wunsch eingegangen, habe diesen insgesamt positiv bewertet und lediglich darum gebeten, dass Herr L. nicht innerhalb der nächsten zwei Monate die Bäckerei verlasse, damit ihm ausreichend Zeit bliebe, entsprechende Vorbereitungen zu treffen. Der Therapeut nahm den Bericht des Patienten ergänzend zum Anlass, Herrn L. zwischen dem Verhalten der prägenden Bezugsperson »Vater« und dem tatsächlich gezeigten Verhalten des Bruders differenzieren zu lassen (auch wenn eine IDÜ sich in aller Regel auf die Person des Therapeuten selbst im

Unterschied zu der prägenden Bezugsperson bezieht). Damit konnte Herr L. auch hier lernen, dass sich auf früheren Erfahrungen basierende Erwartungen nicht mit aktuellem Verhalten von Interaktionspartnern decken müssen.

Herrn L. gab die positiv verlaufende Aussprache mit seinem Bruder großen Auftrieb. Er plante in den folgenden Therapiesitzungen, sich in anderen Bäckereien – auch mit größerem räumlichem Abstand – zu bewerben und setzte dies auch in die Tat um. In den Therapiesitzungen wurden dann schwerpunktmäßig einerseits weitere Situationsanalysen aus dem alltäglichen Leben und andererseits weitere Zukunftsanalysen zur Durchführung von Bewerbungsgesprächen bearbeitet. Herr L. bekam eine Stelle angeboten, die er auch antrat, obwohl dies mit einem Auszug aus der eigenen Wohnung verbunden war. In der Schlussphase der Behandlung berichtete der Patient, dass er eine Frau kennengelernt habe, mit der er sich nun häufiger treffe.

## 6.4 Therapieende

Nach vier Sitzungen im zweiwöchentlichen Abstand wurde die Therapie beendet. Herr L. zog für sich ein sehr positives Fazit. Er fühle sich die vergangenen Wochen wie schon lange nicht mehr wohl. Vergleichbar habe er sich lediglich im Rahmen der ersten Monate seiner früheren Partnerschaft gefühlt. Die Therapie habe ihm geholfen, besser zu erkennen, was er selbst möchte. Besonders wichtig sei jedoch gewesen, dass er auch gelernt habe, sich dann für seine Wünsche, Bedürfnisse und Pläne einzusetzen. Er sehe insgesamt eher positiv in die Zukunft, auch wenn er vermute, dass es wieder schwierigere Zeiten geben könne, vor allem dann, wenn er nachlasse, das Gelernte konsequent anzuwenden.

## 6.4.1 Ergebnisse der Diagnostik zu Therapieende

Die Ergebnisse der durchgeführten fragebogenbasierten Diagnostik am Ende der Therapie bestätigten den positiven Verlauf der Behandlung. Herr L. erreichte zum Therapieabschluss einen BDI-II Gesamtwert von 6 Punkten und blieb damit unter dem Cut-off-Wert für eine klinisch relevante, depressive Symptomatik. Auch im IIP-D zeigten sich deutlich Verbesserungen bezüglich der Einschätzung interpersoneller Probleme. Herr L. erreichte folgende Stanine-Werte (ST) auf den acht Skalen: autokratisch/dominant ST 4 streitsüchtig/konkurrierend ST 4; abweisend/kalt ST 1; introvertiert/sozial vermeidend ST 7; selbstunsicher/unterwürfig ST 6; ausnutzbar/nachgiebig ST 7; fürsorglich/freundlich ST 6; expressiv aufdringlich ST 3.

## 6.4.2 Abschließende Bewertung

Bei dem hier präsentierten Fallbeispiel handelt es sich um eine erfolgreiche Anwendung von CBASP bei einem Patienten, der an einer Double Depression litt. Die persistierende depressive Störung konnte durch einen motivierten und kooperativen Patienten mit Hilfe der CBASP-Interventionen überwunden werden. Besonders typisch für eine CBASP-Behandlung waren bei diesem Patienten das Vorliegen einer chronischen Depression zum Behandlungsbeginn sowie der auf interpersonelle Vermeidung, gepaart mit einer ausgeprägten Unterwürfigkeit, ausgerichtete Interaktionsstil des Patienten. Insofern konnten die CBASP-Annahmen zur Störungsgenese und -aufrechterhaltung als gegeben angenommen und die darauf ausgerichteten CBASP-Interventionsstrategien gut zur Anwendung gebracht werden.

Weniger typisch war bei diesem Fallbeispiel, dass der Patient vor der CBASP-Therapie keine ambulant-psychotherapeutische Behandlung durchgeführt und auch nur eine stationäre Behandlung in Anspruch genommen hatte. Vergleicht man darüber hinaus die klinischen Merkmale des Patienten mit Stichproben großer CBASP-Therapiestudien (▶ Kap. 10), fällt auf, dass Herr L. keine Kriterien weiterer psychischer Störungen erfüllte, somit keine Komorbiditäten aufwies. Sein wenig feindseliger

## 6.4 Therapieende

Interaktionsstil und die nicht vorhandene Suizidalität haben zudem dazu geführt, dass im Vergleich zu vielen anderen CBASP-Therapien die KPR nur vereinzelt zur Anwendung kam. Trotz der Chronizität der Störung und der ausgeprägten Depressivität zu Behandlungsbeginn (hier durchaus die stationäre Behandlung inbegriffen) dürften die gerade aufgeführten klinischen Merkmale den positiven Behandlungsverlauf begünstigt haben.

# 7 Hauptanwendungsgebiet

Wie bereits mehrfach erwähnt, wurde CBASP explizit zur psychotherapeutischen Behandlung von Patienten mit chronischer Depression entwickelt. Es stellt sogar das einzige Therapieverfahren dar, das ausdrücklich und spezifisch für diese Störungsgruppe entwickelt wurde. Zu Beginn der Entwicklung von CBASP wurden chronisch-depressive Patienten unter der Diagnose einer refraktär affektiven Störung und damit als Persönlichkeitsstörung nach DSM-II klassifiziert (McCullough 2000). Mit der Entwicklung des DSM-III und später DSM-IV wurde die Diagnose Dysthymie eingeführt, die zu den affektiven Störungen gezählt wurde. Im Vergleich zur Major Depression ist bei der Dysthymie die depressive Symptomatik zum einen weniger stark ausgeprägt, zum anderen chronisch vorhanden, also per definitionem mindestens zwei Jahre ohne längere Unterbrechungen. Die ersten, mit CBASP therapierten und publizierten Einzelfälle von McCullough (1984, 1991) wurden unter der Diagnose einer Dysthymie behandelt. Vor dem Hintergrund zunehmenden Wissens über chronisch-depressive Verlaufsformen wurde nun in DSM-5 (APA 2013) die Persistierende Depressive Störung (Dysthymie) als Diagnosekategorie für verschiedene Verlaufstypen aufgenommen (▶ Kap. 4, ▶ Abb. 4.1). CBASP erhebt den Anspruch, der durch eine Reihe von Therapiestudien zur Überprüfung der Wirksamkeit von CBASP untermauert wird, für Patienten mit der Diagnose einer Persistierenden Depressiven Störung hilfreich und indiziert zu sein (McCullough et al. 2015).

Beschrieben und wissenschaftlich untersucht ist CBASP für erwachsene Patienten im Alter von 18–65 Jahren, bei einigen Studien waren auch Patienten bis 75 Jahren zugelassen (▶ Kap. 10). DiSalvo und McCullough (2002) haben einen Einzelfallbericht publiziert, bei dem eine 16-jährige Jugendliche mit chronischer Depression im Sinne einer Double Depression mit CBASP erfolgreich behandelt wurde. Weiterführende Wirksamkeitsstudien für den Bereich Kinder- und Jugendlichenpsychotherapie liegen bisher nicht vor. Ergänzend zu den Wirksamkeitsstudien mit Einschluss von Patienten über 65 Jahren haben Bollermann und Kollegen (2015) die Anwendung von CBASP bei älteren Patienten beschrieben und altersspezifische Adaptationen herausgearbeitet. Aber auch für den Bereich Psychotherapie bei Älteren liegen bisher keine randomisiert-kontrollierten Wirksamkeitsstudien mit CBASP vor.

Obwohl Autoren und Psychotherapeuten wie beispielsweise Caspar (2013) argumentieren, dass CBASP oder daraus entlehnte Interventionen störungsübergreifend angewendet werden könnten, fehlt bisher jeglicher empirische Nachweis zur Stützung dieser plausiblen Annahme. Führt man die vergleichende Wirksamkeit psychotherapeutischer Ansätze als wichtiges Argument ins Feld, dann ist vor dem Hintergrund der Ergebnisse von Rief et al. (2018) jedoch Zurückhaltung hinsichtlich der Erweiterung des Indikationsspektrums geboten. Rief und Kollegen ermittelten, dass CBASP weniger effektiv im Vergleich zur KVT ist, wenn episodisch depressive Patienten mit dem Ansatz behandelt werden (▶ Kap. 10). McCullough (2005) selbst weist darauf hin, dass der Einsatz von CBASP bei Patienten mit Borderline Persönlichkeitsstörung nicht gelungen sei. Er berichtet von sieben Behandlungsversuchen bei Borderline-Patientinnen mit ausgeprägter Symptomatik (chronischer Suizidalität, selbstverletzendem Verhalten, extremen kognitiven Verzerrungen und häufigen stationären Aufenthalten), die allesamt nicht erfolgreich verlaufen seien. In Übereinstimmung mit einer Einschätzung von Marsha Linehan geht McCullough davon aus, dass CBASP mit den entwickelten Interventionen nicht ausreichend erfolgreich die Patienten dabei unterstützen kann, deren ausgeprägte emotionale Instabilität zu regulieren.

Chronisch depressive Patienten leiden jedoch häufig unter anderen, komorbiden psychischen Störungen. In mehreren Einzelpublikationen konnte überzeugend nachgewiesen werden, dass Patienten mit chronischer Depression und einer anderen komorbiden Störung erfolgreich mit CBASP – in Ergänzung zu evidenzbasierten, psychotherapeutischen Interventionen – behandelt werden können. So haben Backenstraß und Röttgers (2013) einen Fallbericht vorgelegt, bei dem eine Patientin mit Dysthymie (nach ICD-10, F34.1), einer rezidivierenden depressiven Störung (ICD-10,

F33.1) und einer Zwangsstörung mit vorwiegend Zwangsgedanken (ICD-10, F42.0) mit CBASP und Exposition erfolgreich behandelt wurde. Die Autoren stellen anhand eines Fallbeispiels dar, dass ein rein sequenzielles Vorgehen, d. h. zuerst CBASP zur Behandlung der chronischen Depression, dann KVT mit Schwerpunkt auf Exposition zur Therapie der Zwangsstörung (oder umgekehrt), nicht immer möglich ist. Je nach einem ineinander Verwoben-Sein der Symptomatik müssen die verschiedenen Interventionen adaptiert und aufeinander abgestimmt werden. McCullough berichtet über ähnliche Erfahrungen bei der Behandlung eines chronisch depressiven Patienten mit komorbider Panikstörung (McCullough et al. 2015).

Favorite (2013) hat vielfältige Erfahrungen bei der Anwendung von CBASP in der Behandlung von Patienten mit chronischer Depression und komorbider posttraumatischer Belastungsstörung gesammelt. Er beschreibt, wie er nach der Erhebung der Liste der prägenden Bezugspersonen die Auswirkungen der wichtigsten traumatischen Erlebnisse eines ehemaligen Vietnam-Soldaten in die Therapieplanung integriert. Auch bei dieser komorbiden Konstellation scheint eine Integration mehrerer therapeutischer Techniken in das CBASP-Programm hilfreich zu sein.

Chronische Depressionen gehen häufig mit einem vermehrten Alkoholkonsum einher. Nicht selten ist es, dass chronisch-depressive Patienten komorbid unter einer Alkoholabhängigkeit leiden. Penberthy (2013) hat für diese Patienten CBASP entsprechend erweitert. Sie schlägt vor, CBASP um Strategien zu erweitern, die die Patienten bei der Klärung von Ambivalenzen im Hinblick auf Veränderungen bezüglich des Konsumverhaltens unterstützen. Darüber hinaus sollten Patienten neue Bewältigungsstrategien lernen können, damit sie ihre Abstinenzentscheidung erfolgreicher umsetzen können.

In den meisten im Kapitel zur Wirksamkeit zusammengetragenen Studien (▶ Kap. 10) sind Patienten mit komorbiden Persönlichkeitsstörungen zugelassen. Lediglich Patienten mit komorbider Borderline-, Antisozialer oder Schizotyper Persönlichkeitsstörung wurden in der Mehrzahl der Therapiestudien ausgeschlossen. Für diese Störungen liegt somit keine – weder als alleinige psychische Störung noch in komorbider Konstellation – empirisch fundierte Indikation vor.

Zusammenfassend lässt sich feststellen, dass vor dem Hintergrund der Entwicklungsgeschichte, des Störungsmodells und der empirischen Evidenz CBASP zur Behandlung chronischer Depressionsformen eingesetzt werden kann (und auch sollte). Das Vorliegen einer komorbiden psychischen Störung verlangt – über CBASP hinausgehend – die Integration weiterer evidenzbasierter psychotherapeutischer Interventionen, macht aber die Anwendung von CBASP nicht unmöglich.

**Merke:**

Hauptanwendungsgebiet von CBASP als Gesamtbehandlungsprogramm ist die Persistierende Depressive Störung bzw. chronische Depression. In Einzelfällen erfolgreich behandelte komorbide Patienten (chronischen Depression plus eine weitere psychische Störung wie z. B. Zwangsstörung, Alkoholabhängigkeit oder Posttraumatische Belastungsstörung), bei denen CBASP um weitere Interventionen ergänzt wurde, erscheinen vielversprechend, müssen jedoch empirisch validiert werden.

# 8 Settingbedingungen

Die beschriebenen CBASP-spezifischen Interventionen wurden für die Anwendung im Rahmen einer ambulanten Einzeltherapie entwickelt. McCullough hat seine chronisch depressiven Patienten ambulant in Einzeltherapie behandelt und für dieses Setting CBASP konzipiert und weiterentwickelt (z. B. McCullough 1984, 2000). Von anderen Autoren wurden zwischenzeitlich Manuale zur Anwendung von CBASP im Gruppensetting (Schramm et al. 2012, Sayegh und Penberthy 2016) und als stationäres Behandlungskonzept (Brakemeier und Normann 2012) vorgelegt. Im Folgenden soll auf beide Settingbedingungen etwas ausführlicher eingegangen werden.

## 8.1 CBASP als Gruppentherapie

Gruppenpsychotherapeutische Behandlungssettings sind häufig genauso wirksam wie Einzelpsychotherapie (Strauß und Burlingame 2018). Zudem legt ein Verständnis der chronischen Depression als Störung im interaktionellen Kontext nahe, dass CBASP als Gruppentherapie ebenfalls möglich und wirksam sein sollte. Schramm und Kolleginnen (2012) haben unter diesen Voraussetzungen für den deutschsprachigen Raum und Sayegh und Penberthy (2016) für den kanadisch-US-amerikanischen Raum jeweils ein Therapiemanual zur Durchführung von CBASP in der Gruppe vorgelegt. Die folgenden Ausführungen basieren im Wesentlichen auf dem Manual von Schramm et al. (2012) und auf Arbeitsmaterialien, wie sie von Klein, Backenstraß et al. (2018) vorgelegt wurden.

## 8.1 CBASP als Gruppentherapie

Die Anwendung von CBASP in der Gruppe im ambulanten Setting lässt sich am besten im Sinne einer geschlossenen Gruppe mit sechs bis acht teilnehmenden Patienten durchführen. Empfohlen wird, die Gruppensitzungen einmal wöchentlich über einen Zeitraum von zwölf Wochen stattfinden zu lassen. Die Gruppensitzungen dauern in der Regel 90 Minuten.

In Tabelle 8.1 sind die Inhalte der Gruppentherapiesitzungen schematisch dargestellt. Es ist zu sehen, dass Schramm et al. (2012) empfehlen, der ersten Gruppentherapiesitzung mehrere Einzelgespräche pro Patient vorzuschalten. In diesen Einzelterminen sollte die diagnostische Einschätzung erfolgen und geprüft werden, ob ein potenzieller Teilnehmer bezüglich der Diagnose und anderer Aspekte, wie z. B. ausreichend gute Beherrschung der Sprache, für die Therapiegruppe geeignet ist. Neben einer ausführlichen Aufklärung über die Therapiegruppe, die mit dem Aushändigen einer Informationsbroschüre einhergehen kann (siehe Klein, Backenstraß et al. 2018), sollte im Einzelsetting die Liste der prägenden Bezugspersonen erarbeitet werden. Darüber hinaus wird im Einzelsetting gemeinsam mit dem Patienten die Übertragungshypothese formuliert.

**Merke:**

Bei der Anwendung von CBASP im Gruppensetting wird empfohlen, die Diagnostik, die Liste der prägenden Bezugspersonen und die Formulierung der Übertragungshypothese in wenigen Einzelsitzungen vor dem eigentlichen Gruppenstart durchzuführen bzw. zu erheben.

**Tab. 8.1:** Ablauf eines CBASP-Gruppentherapieprogramms (in Anlehnung an Schramm et al. 2012 und Klein/Backenstraß/Schramm, Therapie-Tools CBASP © 2018 PVU Psychologie Verlags Union in der Verlagsgruppe Beltz. Weinheim Basel)

| Sitzung | Inhalte |
|---|---|
| 1–3 Vorgespräche (Einzelsitzungen) | • Erhebung diagnostischer Informationen<br>• Eignung des Teilnehmers prüfen<br>• Erläuterung des Gruppenprogramms<br>• Liste prägender Bezugspersonen erarbeiten und Übertragungshypothese formulieren |

**Tab. 8.1:** Ablauf eines CBASP-Gruppentherapieprogramms (in Anlehnung an Schramm et al. 2012 und Klein/Backenstraß/Schramm, Therapie-Tools CBASP © 2018 PVU Psychologie Verlags Union in der Verlagsgruppe Beltz. Weinheim Basel) – Fortsetzung

| Sitzung | Inhalte |
|---|---|
| 1. Gruppensitzung | • Kennenlernen der Teilnehmer<br>• Gruppenregeln erarbeiten<br>• Das CBASP-Gruppenkonzept einführen<br>• Beispiel geben |
| 2. Gruppensitzung | • Erläuterungen zu Prägungen, Übertragungshypothesen und IDÜ in der Gruppe<br>• Prägungen und Übertragungshypothese werden von den einzelnen Teilnehmern vorgestellt<br>• Persönliche Ziele formulieren |
| 3. Gruppensitzung | • Einführung des Kiesler-Kreis-Modells<br>• Beispiele für typische Verhaltensweisen im Kiesler-Kreis-Modell<br>• Einschätzen lernen des eigenen Stimuluscharakters |
| 4.–10. Gruppensitzung | • (Mini-)Situationsanalysen lernen und durchführen<br>• Zukunfts-Situationsanalysen<br>• Situationsanalysen mit positivem Ausgang<br>• Interpersonelles Diskriminationslernen |
| 10.–12. Gruppensitzung | • Auf das Therapieende vorbereiten<br>• Zusammenfassung der Lernerfolge<br>• Rückfallprophylaxe, individuelle Pläne erstellen<br>• Ggf. Weitere Termine und Selbsthilfe planen |

Anmerkung: IDÜ = Interpersonelle Diskriminationsübung

Die erste Gruppentherapiesitzung dient dem Kennenlernen der Teilnehmer, der Erarbeitung von tragfähigen Gruppenregeln und der Einführung in das CBASP-Gruppenkonzept. In der zweiten Sitzung werden CBASP-relevante Themen wie Prägungen durch Bezugspersonen, Übertragungshypothese und IDÜ besprochen. Zunächst führt der Gruppenleiter in die Begriffe und Konzepte ein, danach werden die Teilnehmer gebeten, ihre im Einzelgespräch erarbeiteten Prägungen kurz vorzustellen. Gemeinsam mit dem Gruppenleiter wird dann eine gruppenrelevante Übertragungshypothese formuliert, z. B. »Wenn ich in der Gruppe einen Fehler mache, dann werde ich von den anderen Gruppenteilnehmern inklusive des Therapeuten für dumm erklärt und keiner möchte noch etwas mit mir zu tun haben«. Die Gruppentherapiesitzung endet mit der Formulierung persönlicher Ziele jedes Teilnehmers.

In der dritten Gruppentherapiesitzung wird das Kiesler-Kreis-Modell eingeführt. Es wird dessen Aufbau erläutert und die Gruppe dazu eingeladen, typisches interpersonelles Verhalten für die einzelnen Dimensionen (z. B. feindselig-dominant) zu benennen und/oder in kleinen Rollenspielen darzustellen. Besondere Bedeutung kommt dann der Bestimmung des eigenen Stimuluscharakters (stimulus value) jedes Patienten zu. Die Gruppenteilnehmer sollen an dieser Stelle mit Hilfe des Kiesler-Kreis-Modells lernen, wie sie (sehr wahrscheinlich) auf andere Menschen in bestimmten Situationen wirken bzw. wie sie von diesen wahrgenommen werden. Vor dem Hintergrund der theoretischen Annahmen von Kiesler (1996) können sie dann ableiten, wie die jeweiligen Interaktionspartner am wahrscheinlichsten reagieren werden (Komplementaritätsprinzip). Die Patienten können darauf aufbauend prüfen, ob sie mit diesem Stimuluscharakter ihre interpersonellen Ziele erreichen können.

In den folgenden Gruppentherapiesitzungen werden schwerpunktmäßig Situationsanalysen, die die Teilnehmer einbringen, durchgeführt und in Rollenspielsequenzen gewünschtes Verhalten auf- und ausgebaut (Shaping). Bei Patienten mit ausreichend hohem, kognitivem Funktionsniveau kann die im Kapitel »Kernelemente der Therapie« ausführlich dargestellte Situationsanalyse durchgeführt werden (▶ Kap. 5.4). Häufig wird dafür eine ganze Gruppentherapiesitzung benötigt. Sind die teilnehmenden Patienten jedoch noch etwas depressiver, bzw. sind sie von ihrer Konzentrationsfähigkeit noch nicht in der Lage, über 90 Minuten einer Situationsanalyse zu folgen, kann auch eine Mini-Situationsanalyse durchgeführt werden (▶ Kap. 5.5). Die Mini-Situationsanalyse reduziert die sechs Schritte der Erhebungsphase und die vier Schritte der Lösungsphase der vollumfänglichen Analyse auf lediglich fünf Schritte. Die deutlich gekürzte Situationsanalyse hat den Vorteil, dass deren Durchführung in aller Regel lediglich 30–45 Minuten benötigt. Es können somit in einer Gruppensitzung mehrere Situationsanalysen durchgearbeitet werden.

# 8 Settingbedingungen

Neben der Durchführung von (Mini-)Situationsanalysen können in der vierten bis zehnten Therapiesitzung auch Zukunfts(situations)analysen und Analysen mit positivem Ausgang (tatsächliches Ergebnis = erwünschtes Ergebnis) durchgeführt werden. Zukunftsanalysen helfen dem Patienten, sich auf eine zukünftige, interpersonell als schwierig antizipierte Situation mit Hilfe der Gruppe vorzubereiten (z. B. Gespräch mit dem Vorgesetzten). Ergeben sich Situationen, in denen in den Übertragungshypothesen formulierte Befürchtungen aktiviert werden, kann unter der Anleitung des Gruppenleiters eine Interpersonelle Diskriminationsübung durchgeführt werden.

Die letzten beiden Gruppentherapiesitzungen bleiben der Vorbereitung auf das Therapieende vorbehalten. Dazu zählt, die Lernerfolge eines jeden Teilnehmers zusammenzufassen und individuelle Pläne zur Rückfallprophylaxe zu erarbeiten. Im günstigen Fall treffen sich nach der Beendigung der CBASP-Gruppentherapie die Patienten im Rahmen einer Selbsthilfegruppe und üben schwerpunktmäßig weiter das Durchführen von Situationsanalysen.

> **Merke:**
>
> Auch bei der Anwendung von CBASP im Gruppensetting ist die Situationsanalyse die zentrale Übung. Zudem wird der Kiesler-Kreis von Anfang an in das therapeutische Vorgehen integriert.

Das hier skizzierte gruppentherapeutische CBASP-Programm erwies sich als gut durchführbar. In einer randomisiert-kontrollierten Therapiestudie (ausführlicher ▶ Kap. 10) erwies sich das Vorgehen wirksamer als eine Behandlung, wie sie in der Routineversorgung sichergestellt wird (Michalak et al. 2015).

## 8.2 CBASP im Rahmen eines stationären Behandlungskonzepts

Brakemeier und Normann (2012) haben ein an der Universitätspsychiatrie Freiburg entwickeltes Konzept beschrieben, bei dem CBASP im Rahmen eines multidisziplinären Ansatzes zur Anwendung kommt. Die Autoren sehen den Vorteil des stationären Behandlungsangebots in der Möglichkeit, die Therapie in kürzerer Zeit (drei Monate) zu durchlaufen. Dies wird durch eine höhere »Therapiedosis« ermöglicht, da über alle beteiligten Berufsgruppen hinweg CBASP als basaler Ansatz gesehen und entsprechende Interventionen in unterschiedlichen Kontexten durchgeführt werden können. Damit eignet sich »CBASP-stationär« vor allem für chronisch depressive Patienten, die als Non-Responder auf ambulante Therapien gelten. Als Ausschluss für eine Behandlung im Rahmen des stationären Konzepts gilt das Vorliegen einer Bipolar-I-Störung, wobei anzumerken ist, dass es für chronische Depressionen im Rahmen einer Bipolaren Störung bisher keinen Wirksamkeitsnachweis für CBASP gibt und damit diese Störung generell nicht zum Indikationsbereich von CBASP zu zählen ist. Keine Ausschlussgründe sehen Brakemeier und Normann (2012) in dem Vorliegen einer komorbiden Persönlichkeitsstörung oder einer anderen, sekundären psychischen Störung (außer einer schizophrenen Störung).

Brakemeier und Normann (2012) empfehlen, auf einer Station nicht mehr als neun Therapieplätze mit Patienten, die das CBASP-Programm durchlaufen, zu belegen. Spezifische CBASP-Therapiegruppen seien mit mehr als neun Patienten schwierig durchzuführen und erscheinen bei zu vielen teilnehmenden Patienten als weniger effektiv. Als Mindestanzahl gleichzeitig zu behandelnder Patienten werden vier empfohlen. Da Stationen psychiatrischer Kliniken in aller Regel mehr als 15 Betten führen, liegt es nahe, auf einer Station das CBASP-Behandlungsangebot neben einem anderen Spezialangebot, z. B. ein KVT-Angebot für Patienten mit episodisch verlaufenden Depressionen, vorzuhalten.

## 8.2.1 Behandlungsdauer und zeitliche Struktur

Das stationäre CBASP-Konzept sieht eine Behandlungsdauer von zehn bis zwölf Wochen vor, wobei diese Zeit in drei Phasen gegliedert ist. Sollte es möglich sein, an eine vollstationäre Behandlung eine tagesklinische/ teilstationäre Behandlungsphase anzuschließen, kann die vorgesehene Behandlungsdauer den Setting-Wechsel mit einschließen. Die zeitliche Struktur der Behandlung sieht eine Einführungsphase im Umfang von ca. zwei Wochen, eine Hauptphase, die sich über vier bis acht Wochen erstreckt, und eine Abschiedsphase von ein bis zwei Wochen Dauer vor (▶ Tab. 8.2). Eine geplante Wiederaufnahme nach ca. einem halben Jahr im Sinne eines Fresh-up-Kurses (Dauer von ca. vier Wochen) erleichtert den Patienten die Entlassung.

Tab. 8.2: Stationäre Behandlungsphasen und CBASP-Strategien

| Phase | Inhalte und CBASP-Strategien |
|---|---|
| Einführung (ca. 2 Wochen) | • Erhebung diagnostischer Informationen<br>• Erhebung der Liste der prägenden Bezugspersonen<br>• Übertragungshypothese formulieren<br>• Teambesprechung mit Fallvorstellung<br>• Indikationsentscheidung<br>• Entscheidung des Patienten über Fortführung der Behandlung |
| Hauptphase (ca. 4–8 Wochen) | • Situationsanalysen im Rahmen von Einzel- und Gruppentherapien durchführen<br>• Interpersonelle Diskriminationsübungen durchführen<br>• Kontingent persönliche Reaktionen von Mitgliedern des Behandlungsteams<br>• Soziale Fertigkeiten erlernen/üben<br>• Verhaltensweisen modifizieren<br>• Zwischengespräch zu weiteren Zielen der Behandlung |
| Abschied (ca. 1–2 Wochen) | • Auf das Therapieende vorbereiten<br>• Zusammenfassung der Lernerfolge<br>• Rückfallprophylaxe<br>• Ggf. CBASP-Fresh-up-Kurs planen |

Ungefähr nach Ablauf der Hälfte (bis zwei Drittel) der stationären Behandlung wird ein Gespräch zwischen dem Patienten, seinem Bezugstherapeuten sowie dem verantwortlichen Oberarzt durchgeführt. In diesem Gespräch wird gemeinsam reflektiert, inwieweit die CBASP-Therapie geholfen hat und was für die verbleibenden Wochen die Ziele der Behandlung sind. Dabei sollen nicht nur CBASP-spezifische Ziele in Erwägung gezogen werden, sondern gegebenenfalls auch eher psychosoziale wie z. B. die Vorbereitung einer beruflichen Wiedereingliederung.

### 8.2.2 Multiprofessionelles Angebot

In dem von Brakemeier und Normann (2012) vorgeschlagenen und erprobten Behandlungskonzept sind alle an der Behandlung beteiligten Teammitglieder in CBASP geschult, d. h. sie kennen das Störungskonzept und die wichtigsten Interventionsstrategien von CBASP. In einer regelmäßigen Teambesprechung unter Einbeziehung des gesamten Behandlungsteams werden die wichtigsten Informationen zu den sich in Behandlung befindenden Patienten ausgetauscht und der Verlauf der Behandlung vom Gesamtteam im Sinne eines Monitorings kritisch reflektiert.

**Merke:**

Bei einem stationären CBASP-Behandlungsangebot sollten alle Mitglieder des multiprofessionellen Teams in CBASP geschult sein. Ziel der Schulung ist es, dass allen Mitarbeitern das Störungsmodell und die CBASP-spezifischen Interventionen bekannt sind.

**Einzeltherapie**

Im Zentrum der stationären Behandlung steht die durch einen geschulten CBASP-Therapeuten (Arzt oder Psychologischer Psychotherapeut) durchgeführte Einzeltherapie. Diese sollte im besten Fall zweimal pro Woche im Umfang von 50 Minuten stattfinden. Kann dies aufgrund mangelnder Personalressourcen nicht angeboten werden, so wäre zumindest für die

Erarbeitung der Liste der prägenden Bezugspersonen und der Formulierung der Übertragungshypothese in den beiden Einführungswochen ein solches Angebot sehr wünschenswert. In der Hauptphase der Behandlung sind je nach personeller Ausstattung keine, eine oder zwei Einzeltherapiesitzungen pro Woche denkbar. Berücksichtigt sollte dabei aber werden, dass die CBASP-spezifischen Interventionsstrategien wie KPR (vor allem, wenn es um das Mitteilen von emotional negativ gefärbten Reaktionen geht) und IDÜ zumeist nur in einer vertrauensvollen Beziehung durchgeführt werden können und dies doch häufig eine therapeutische Beziehung im Einzelsetting erfordert.

**Bezugspflegegespräche**

Ein weiterer wichtiger Bestandteil in dem stationären CBASP-Behandlungskonzept stellt die Bezugspflege dar. Es ist selbstverständlich, dass auch die Bezugspflegekraft in den Methoden und Konzepten der CBASP-Therapie geschult ist. Sie sollte ihren Patienten ca. ein Bezugspflegegespräch pro Woche im zeitlichen Umfang von 30 bis 50 Minuten anbieten. Dabei ist es wichtig, dass sie die Prägungen und die Übertragungshypothese der von ihr enger betreuten Patienten gut kennt. Die Hauptaufgabe der Bezugspflege besteht in der kontinuierlichen Unterstützung der Patienten bei deren Alltagsbewältigung. Zudem kommt ihr – bei ausreichenden zeitlichen Ressourcen und entsprechender Kenntnis der Interventionsstrategien – die Rolle eines Ko-Therapeuten zu. So wiederholt die Bezugspflege beispielsweise mit ihrem Bezugspatienten in der Einführungsphase der Behandlung die Prägungen und die Übertragungshypothese. In der Hauptphase sind vor diesem Hintergrund auch die Anwendung von KPR und IDÜ bei einer vertrauensvollen Beziehung zur Bezugspflegekraft möglich. Bezugspflegekräfte können zudem in der CBASP-Therapiegruppe als Ko-Therapeuten teilnehmen. Aber auch ohne die Teilnahme an der Gruppe können sie bei einem engen Austausch mit dem CBASP-Einzeltherapeuten die Bezugspflegegespräche nutzen, um Situationsanalysen nochmals durchzugehen und im Sinne eines Shapings weiter an der Verhaltensmodifikation zu arbeiten.

Natürlich gehören zu den Aufgaben der Bezugspflegekräfte auch »klassische« Tätigkeiten wie Einführung und Erläuterung der stationären Abläufe,

Begleitung der Einnahme von Medikamenten, Hilfestellung und Unterstützung bei der Lösung von sozialpsychiatrischen Problemen sowie die Planung und Nachbesprechung von Belastungserprobungen. Besonders relevant ist der Umgang mit Krisen, die bei Patienten mit einer chronischen Depression nicht selten auftreten. Zum einen kann es zu suizidalen Krisen kommen, zum anderen können interpersonelle Krisen auftreten. Brakemeier und Normann (2012) empfehlen zur Sicherung eines konstruktiven Umgangs mit diesen häufig schwierigen Situationen, dass klare Absprachen hinsichtlich des Vorgehens besprochen und fest vereinbart werden.

## CBASP-Therapiegruppe

Neben der CBASP-Einzeltherapie und der qualifizierten Bezugspflege besteht ein weiterer wichtiger Bestandteil des stationären Behandlungskonzepts in der CBASP-Therapiegruppe. Das von Brakemeier und Normann (2012) beschriebene Gruppenkonzept entspricht in weiten Teilen dem oben dargestellten, ambulanten Gruppenprogramm (Schramm et al. 2012). Es gibt aber auch Unterschiede: Um den Bedingungen einer stationären Behandlung gerecht zu werden, ist die Gruppe als halboffene Gruppe konzipiert, so dass bei Aufnahmen auf Station auch neue Patienten nach der Einführungsphase in die Gruppentherapie aufgenommen werden können. Wenn es die zeitlichen Ressourcen ermöglichen, kann die CBASP-Therapiegruppe im stationären Kontext zweimal pro Woche angeboten werden. Ist dies nicht möglich, sollte sie aber wenigstens einmal pro Woche vorgehalten werden. Inhaltlich gibt es bei Brakemeier und Normann (2012) die Erweiterungsvarianten »Kiesler-Kreis-Training« und »Empathie-Training«. Das Kiesler-Kreis-Training sieht vor, dass schwierige interpersonelle Situationen in den verschiedenen Verhaltensdimensionen des Kiesler-Kreis-Modells in Rollenspielen ausprobiert werden. Mit diesem Vorgehen wird das Ziel verfolgt, dass die Patienten ihr interpersonelles Verhaltensrepertoire spielerisch erweitern. Bei dem Empathie-Training werden komplexe interpersonelle Situationen von zwei Therapeuten in der Gruppe vorgespielt und von einem dritten, moderierenden Therapeuten immer wieder unterbrochen, also »eingefroren«. Folgende Fragen werden dann an die Patienten gerichtet (Brakemeier und Normann 2012, S. 142):

- »Was denkt und fühlt Person A, was Person B in dieser Situation?
- Wie ist das Verhalten von Person A bzw. Person B im Kiesler-Kreis einzuordnen?
- Was wird Person A, was Person B vermutlich als nächstes tun?«.

Neben den Patienten werden dann die Schauspieler/Therapeuten gefragt, was sie in dem Moment, in dem die Szene unterbrochen wurde, tatsächlich gedacht und empfunden haben und wie sie das Verhalten ihres Mitspielers wahrgenommen bzw. interpretiert haben. Dann wird die Situation weiter gespielt, bis der moderierende Therapeut erneut unterbricht. Es ist offensichtlich, dass das Empathie-Training das Ziel verfolgt, dass Patienten ihre Empathiefähigkeit verbessern und dass sie lernen, andere Personen in spezifischen Situationen besser »zu lesen«.

### Weitere gruppentherapeutische Angebote

Neben der CBASP-Therapiegruppe, in der vor allem Situationsanalysen und die oben skizzierten Trainings durchgeführt werden, gibt es in dem stationären Behandlungskonzept weitere Gruppenangebote, in denen die Grundideen von CBASP aufgenommen werden. Bei Brakemeier und Normann (2012) sind eine CBASP-Gestaltungstherapiegruppe sowie eine CBASP-Körper- und Bewegungstherapiegruppe ausführlicher beschrieben. Beide Gruppenangebote werden halboffen geführt. Je nach Personalressourcen werden sie ein- oder zweimal pro Woche im Umfang von 90 Minuten angeboten. Vor allem die Körpertherapiegruppe stellt inhaltlich enge Bezüge zu dem Kiesler-Kreis-Modell, typischem Verhalten und dessen Ausdruck her. Das ergotherapeutische Angebot dagegen ist absichtlich nicht als reine CBASP-Gruppe konzipiert. In dieser Gruppe treffen sich Patienten verschiedener Diagnosen und Behandlungsschwerpunkte.

Zu dem Gesamtbehandlungskonzept gehören noch ein Angebot des Sozialdienstes sowie die Pharmakotherapie.

Das skizzierte stationäre Behandlungskonzept wurde im Zuge seiner Entwicklung und Implementierung wissenschaftlich untersucht und die Ergebnisse von Brakemeier et al. (2015) publiziert. Zudem wurden in mehreren anderen Kliniken entsprechende Behandlungsangebote aufgebaut (vgl. CBASP-Netzwerk e.V. 2020). Einige von ihnen haben sich einer multizentrischen Studie zur Evaluation der Angebote angeschlossen (Sabaß et al. 2018). Die Ergebnisse beider Studien zeigen, dass sich eine stationäre Behandlung mit CBASP bei den zumeist in ambulanter Therapie als Non-Responder geltenden Patienten als wirksam erwies (ausführlicher ▶ Kap. 10: »Wissenschaftliche und klinische Evidenz«).

## 8.3 Zusammenfassende Einordnung

CBASP ist als Einzelpsychotherapie entwickelt worden. CBASP im Gruppenformat erweist sich sowohl im ambulanten Setting als auch als Teil eines umfassenderen stationären Konzepts als machbar und wirksam. Unabhängig davon, ob CBASP ambulant oder stationär im Rahmen einer Gruppe angeboten wird, scheinen zumindest bis zu drei einzeltherapeutischen Sitzungen nötig, um die Diagnose zu sichern, die Liste der prägenden Personen zu erheben, die Übertragungshypothese abzuleiten und generell über das Verfahren zu informieren.

Die Entwicklung des gruppentherapeutischen CBASP-Ansatzes sowie des stationären Behandlungskonzepts haben dazu geführt, dass dem Kiesler-Kreis-Modell eine größere Bedeutung zukommt, als ursprünglich von McCullough konzipiert. McCullough selbst sieht den Stellenwert des Kiesler-Kreis-Modells für CBASP vor allem bei der Therapieplanung unter Zuhilfenahme des IMI (McCullough et al. 2015; ▶ Kap. 5). Die hohe Plausibilität des Modells von Kiesler und die Möglichkeit, typische Verhaltensweisen auf den einzelnen Dimensionen des Kreises bestimmen und in Rollenspielen nachstellen zu können, haben dazu geführt, dass unter dem Label »Kiesler-Kreis-Training« eine übende Therapiegruppe sowie ein eigenständiges Gruppenkonzept (Guhn et al. 2019) entstanden sind. Zudem wird von einigen Autoren vorgeschlagen, den Kiesler-Kreis konsequent bei der Situationsanalyse zu berücksichtigen (Brakemeier und Normann 2012, Klein und Belz 2014).

# 9 Die therapeutische Beziehung

Der Gestaltung der therapeutischen Beziehung kommt im CBASP – wie bereits im Kapitel Kernelemente der Therapie ausgeführt (▶ Kap. 5) – besondere Bedeutung zu. McCullough (2000, 2006a) hat die besondere Beziehungsgestaltung unter dem Begriff des »Disciplined Personal Involvement« (DPI) zusammengefasst. Schramm et al. haben den CBASP-Terminus mit »kontrolliert-persönliches Einlassen« übersetzt (McCullough 2006b). Brakemeier und Normann (2012) verwenden den Begriff »diszipliniert-persönliches Einlassen«. In der deutschsprachigen Übersetzung der ausführlichen Beschreibung der Beziehungsgestaltung im CBASP (McCullough 2012) wurde schließlich der umfassendere Terminus »diszipliniert persönliche Gestaltung der therapeutischen Beziehung« gewählt. Mit »persönlich« wird begrifflich darauf hingewiesen, dass der Therapeut im Rahmen der Interpersonellen Diskriminationsübung (IDÜ) und der Kontingent Persönlichen Reaktion (KPR) sein eigenes Verhalten und sein Erleben zum Gegenstand des therapeutischen Gesprächs macht. Dies sollte er jedoch nie tun, um beispielsweise eigene negative Emotionen zu regulieren. Vielmehr verfolgt er mit entsprechenden Selbstöffnungen immer das Ziel, dem Patienten die interpersonellen Konsequenzen seines Verhaltens im Hier-und-Jetzt zu verdeutlichen, damit der Patient lernen kann, kausale Schlussfolgerungen zwischen eigenem Verhalten und der Reaktion seines Interaktionspartners – hier des Therapeuten – zu ziehen. Insofern ist das »persönliche Einlassen« im CBASP immer »kontrolliert« oder auch »diszipliniert«.

Die diszipliniert persönliche Gestaltung der therapeutischen Beziehung im CBASP verfolgt darüber hinaus das Ziel, dem chronisch depressiven Patienten interpersonelle Sicherheit zu vermitteln (McCullough 2019). Durch frühe traumatisierende Erfahrungen sind die Patienten häufig durch

Argwohn, Misstrauen und Angst gekennzeichnet und ihr Interaktionsstil ist zu Beginn der Behandlung tendenziell feindselig – sei es feindselig-submissiv, feindselig-dominant oder auch nur feindselig –, um die Person des Therapeuten auf Distanz zu halten. Die persönliche Gestaltung der therapeutischen Beziehung soll nun gerade diesen Patienten vermitteln, dass sie sich in einer interpersonellen »Sicherheitszone« (McCullough 2019) befinden, die sich von ihren früheren, sie prägenden Beziehungserfahrungen unterscheidet. Ein Sich-diszipliniert-persönliches-Einlassen verlangt von dem CBASP-Therapeuten ein hohes Maß an Authentizität. Das Äußern persönlicher Betroffenheit bei der Schilderung traumatischer Erfahrungen des Patienten ist in dieser Hinsicht auch ein Kennzeichen der besonderen Beziehungsgestaltung. Der Patient kann und soll durch diese Art der Beziehungsgestaltung lernen, dem Therapeuten zu vertrauen, um sich auf neue zwischenmenschliche Erfahrungen einlassen zu können.

**Merke:**

Interventionen, die der diszipliniert persönlichen Gestaltung der therapeutischen Beziehung zugeordnet werden, haben das Ziel, dem Patienten interpersonelle Sicherheit zu vermitteln und die Konsequenzen seines Verhaltens in der aktuellen Beziehung zum Therapeuten zu vergegenwärtigen, so dass der Patient lernen kann, seine Wahrnehmungsentkopplung zu überwinden.

Wie McCullough (2006a, 2012) ausführt, sieht er in der persönlichen Gestaltung der therapeutischen Beziehung einen deutlichen Unterschied zu den klassischen psychotherapeutischen Schulen wie der Psychoanalyse, der Klientzentrierten Gesprächspsychotherapie nach Carl Rogers und der Kognitiven Verhaltenstherapie (siehe auch Lammers 2020), in denen dem Therapeuten in seiner professionellen Rolle eine Zurückhaltung in Bezug auf eigenes Erleben und Verhalten als Gegenstand des psychotherapeutischen Gesprächs empfohlen wird. Pioniere einer Psychotherapie, in der eine persönliche Gestaltung der therapeutischen Beziehung konzeptuell in den Ansatz integriert ist, sind für McCullough Garry Prouty und Kent G. Bailey. Prouty (1994) setzt in seiner »Prä-Therapie« zur Behandlung von chronisch schizophrenen Patienten Selbstöffnungen ein, um mit den häufig schwer retardierten Patienten überhaupt in psychologischen Kontakt zu kommen. Bailey (1988) entwickelt vor dem Hintergrund evolutionstheoretischer Annahmen eine »Verwandtschafts-Psychotherapie«, in der dem Bedürfnis des Patienten nach Verwandtschaft zum Therapeuten durch eine entsprechende Gestaltung der therapeutischen Beziehung Rechnung getragen wird. Der größte Einfluss auf die Entwicklung der spezifischen Gestaltung der therapeutischen Beziehung im CBASP ist jedoch Donald J. Kiesler (1996) zuzuschreiben. McCullough (2012) schreibt: »Die Forschung und die Schriften des interpersonellen Psychotherapeuten Donald J. Kiesler, dessen Arbeiten ihn klar innerhalb der Forschungstradition zur therapeutischen Beziehung positionieren, haben den Weg zu größerer persönlicher Gestaltungsfreiheit und zu weniger Neutralität von Seiten der Psychotherapeuten freigemacht« (S. 26). Wie bereits in Kapitel Kernelemente der Diagnostik dargestellt, wird im CBASP das von Kiesler entwickelte IMI eingesetzt, um sich des Stimuluswertes des Patienten klar zu werden und diesen bei der Therapieplanung berücksichtigen zu können (▶ Kap. 4). Das IMI basiert auf dem Konzept der interpersonellen Komplementarität, das von Kiesler ausgearbeitet wurde und gemeinsam mit der Technik der Metakommunikation (Kiesler 1996) Eingang in die diszipliniert persönliche Gestaltung der therapeutischen Beziehung im CBASP gefunden hat.

Obwohl mit der diszipliniert persönlichen Gestaltung der therapeutischen Beziehung im CBASP klar formulierte und strukturierte Interventionsstrategien wie die IDÜ und KPR verbunden sind (▶ Kap. 5.9, ▶ Kap. 5.10), geht sie zudem mit einer Art Grundhaltung des Therapeuten einher, die eben nicht durch eine professionelle Distanzierung und Anonymität, sondern durch persönliches Einlassen und Authentizität geprägt ist.

Gleichwohl gibt es auch im CBASP Interaktionssequenzen zwischen Therapeut und Patient, z. B. im Rahmen der Erhebung der Liste der prägenden Bezugspersonen oder der Durchführung einer Situationsanalyse, in denen der Therapeut freundlich-dominant in der Beziehung führt. Gerade bei den beiden beispielhaft erwähnten CBASP-Interventionsstrategien kann es vorkommen, dass chronisch depressive Patienten den Fokus und das Ziel der jeweiligen Übung aus den Augen verlieren. Dem

Therapeuten kommt dann die Aufgabe zu, wohlwollend und freundlich den Prozess zu strukturieren und den Fokus auf die jeweilige Übung zurückzuführen. Hier ist daran zu erinnern, dass CBASP ganz explizit ein auf Lernen und Veränderung abzielendes Therapieverfahren darstellt (▶ Kap. 2). Vor dem Hintergrund der Tatsache, dass viele chronisch depressive Patienten, bevor sie eine Behandlung mit CBASP beginnen, bereits Psychotherapieerfahrung gemacht haben, ist es sinnvoll, zu Beginn auf die besondere Beziehungsgestaltung im CBASP hinzuweisen. Diese unterscheidet sich nämlich in aller Regel von den Erfahrungen, die Patienten in anderen Psychotherapien gemacht haben.

**Merke:**

Mit der *diszipliniert persönlichen Gestaltung der therapeutischen Beziehung* setzt sich CBASP deutlich von anderen psychotherapeutischen Modellen, insbesondere der kognitiven Verhaltenstherapie, ab.

Obwohl erst im nächsten Kapitel ausführlicher auf die wissenschaftliche Evidenz von CBASP und damit einhergehend auf Ergebnisse der Moderatoren- und Mediatorenforschung eingegangen wird, sollen hier wenige Befunde zur Bedeutung der therapeutischen Beziehung im CBASP referiert werden.

Constantino et al. (2016) haben mit Daten aus der Keller-Studie (▶ Kap. 10) zeigen können, dass die statistisch signifikante Prädiktion der therapeutischen Allianz (Prädiktor) – gemessen in der zweiten Therapiewoche – auf die Depressivität der Patienten zu Behandlungsende (Kriterium) durch eine Reduktion eines feindselig-unterwürfigen Interaktionsstils (Mediatorvariable) beeinflusst wird. Dieses Ergebnis kann dahingehend interpretiert werden, dass Patienten, die mit CBASP behandelt werden, vor dem Hintergrund einer eher positiv wahrgenommenen therapeutischen Beziehung zu Behandlungsbeginn vermehrt in der Lage sind, ihren feindselig-submissiven Interaktionsstil zu minimieren. Eine Reduktion des dysfunktionalen Interaktionsstils geht dann mit geringerer Depressivität am Ende der Behandlung einher. Es lässt sich spekulieren, dass durch die Verhaltensänderung der Patienten diese ihre zwischenmenschlichen Beziehungen positiver gestalten können und in Folge befriedigenderer Beziehungen ganz im Sinne der Annahmen im CBASP weniger depressiv sind. Wenngleich bei der Studie keine psychotherapeutische Kontrollgruppe erhoben wurde und damit der Effekt nicht eindeutig auf CBASP und dessen Beziehungsgestaltung zurückgeführt werden kann, deutet ein weiteres Ergebnis aus der Keller-Studie in diesem Rahmen auf die besondere Bedeutung der therapeutischen Beziehung im CBASP hin. Santiago et al. (2005) untersuchten, ob der bereits berichtete Zusammenhang zwischen anfänglicher therapeutischer Allianz und Depressivität zu Ende der Behandlung durch den Lernerfolg bezüglich der Situationsanalyse beeinflusst wird. Die von der Arbeitsgruppe berechneten Mediatorenmodelle ergaben jedoch keinen statistisch signifikanten Effekt. Die Autoren der Studie interpretierten diesen Befund dahingehend, dass der Situationsanalyse-Lernerfolg (►Kap. 10; auch Manber et al. 2003) und die Einschätzung der therapeutischen Beziehung unabhängig voneinander auf das Behandlungsergebnis wirken. In der Zusammenschau der beiden Publikationen erfährt das CBASP-Modell mit der spezifischen Gestaltung der therapeutischen Beziehung dahingehend empirische Unterstützung, dass eine besser eingeschätzte therapeutische Allianz und hier vor allem das affektive Beziehungserleben (eine der drei Unterskalen des eingesetzten Messinstruments) es den Patienten ermöglicht, ihren dysfunktionalen Interaktionsstil, der in Richtung Vermeidung zwischenmenschlicher Nähe wirkt, zu verändern. Ob die Patienten erfolgreich lernen, die Situationsanalyse, in der zwischenmenschliche Interaktionen außerhalb der therapeutischen Beziehung analysiert werden, anzuwenden, ist dabei von der Beziehungsqualität von Patient und Therapeut unabhängig.

Neben der methodischen Einschränkung, dass keine Kontrollgruppe in die Analysen eingeschlossen werden konnte, kann zusätzlich an den beiden Publikationen kritisiert werden, dass die Einschätzung der Interaktionsstile durch die behandelnden CBASP-Therapeuten mittels IMI (►Kap. 4) vorgenommen wurde. In einer aktuellen Veröffentlichung von Klein, Probst et al. (2020), in der die Daten aus der multizentrischen Studie von Schramm et al. (2017) analysiert wurden, wurde CBASP mit einer supportiven Psychotherapie hinsichtlich der Wirksamkeit untersucht (ausführlicher ►Kap. 10). Zudem schätzten die behandelnden Patienten ihre interpersonellen Probleme selbst anhand des IIP (Horowitz et al. 2016) ein. Zur Einschätzung der Qualität der therapeutischen Beziehung wurde darüber hinaus die deutsche Version des Helping Alliance Questionnaire (Eich et al. 2018) eingesetzt, ein anderes Instrument als bei Constantino et al. (2016). Trotz der Verwendung verschiedener Instrumente und z. T. auf einer anderen Datenquelle basierend (Patienten- vs. Therapeuteneinschätzung), bestätigten Klein, Probst et al. (2020) im Kern die Ergebnisse aus der Keller-Studie. Darüber hinaus zeigten sie anhand einer sequentiellen Mediatorenanalyse, dass die differentielle Wirksamkeit der beiden Therapieverfahren zum Ende der Aufrechterhaltungsphase (48 Wochen nach Behandlungsbeginn) mit einem signifikanten Effekt zugunsten von CBASP durch positive Veränderungen der therapeutischen Beziehung zwischen Behandlungsbeginn und -ende (Woche 20 nach Behandlungsbeginn) partiell, aber statistisch signifikant vorhergesagt werden konnte. Die positive Veränderung der therapeutischen Beziehung wiederum beeinflusste statistisch bedeutsam die nachfolgende Veränderung im Bereich der interpersonellen Probleme (zwischen Woche 20 und 48). Patienten mit einer größeren Reduktion auf der IIP-Dimension »zu introvertiert/sozial vermeidend« profitierten mehr von der CBASP-Behandlung. Für die Passung der Befundlage spricht, dass die IIP-Dimension »zu introvertiert/sozial vermeidend« im interpersonellen Circumplex-Modell an derselben Stelle des zweidimensionalen Raums liegt wie die IMI-Dimension »feindselig-submissiv«. Zusammenfassend lässt sich somit feststellen, dass die Wahrnehmung der therapeutischen Beziehung durch den Patienten und deren positive Veränderung zu einer Reduktion dysfunktionaler Interaktionsstile führt, die wiederum ein besseres Therapieergebnis zur Folge hat. Dieser Wirkmechanismus gilt für CBASP-Behandlungen nicht für die supportive Psychotherapie. Von den referierten Studien nicht beantwortet ist jedoch die Frage, ob es die spezifischen Interventionen wie IDÜ und KPR im CBASP sind, die die Wahrnehmung der therapeutischen Beziehung und in Folge die positive Veränderung der Symptomatik beeinflussen. Hier ist dringend weitere Forschung vonnöten.

# 10 Wissenschaftliche und klinische Evidenz

## 10.1 Wirksamkeit von CBASP

CBASP wurde im Hinblick auf seine Wirksamkeit in mehreren empirischen Studien getestet. Es liegen aktuell zehn randomisiert-kontrollierte und fünf Beobachtungsstudien mit insgesamt N=2.630 in die Studien eingeschlossenen Patienten vor. Die Mehrzahl der Patienten (N=2.266) wurden im Rahmen der randomisierten Studien auf die verschiedenen Therapiearme verteilt, deutlich weniger Patienten (N=364) wurden im Kontext der naturalistischen Beobachtungsstudien mit CBASP behandelt. Wie Tabelle 10.1 zu entnehmen ist, ist CBASP bisher mit der Wirksamkeit antidepressiver Medikation (ADM) und verschiedenen Psychotherapiemodellen (Behavioral Activation (BA), Interpersonelle Psychotherapie der Depression (IPT), Kognitive Verhaltenstherapie (KVT), Mindfulness-based Cognitive Therapy (MBCT), Supportive Psychotherapie (SPT) und »Care as usual« – also Behandlung in der Regelversorgung) verglichen worden (▶ Tab. 10.1). Dabei stand in zwei Studien (Keller et al. 2000, Schramm et al. 2015) der direkte Vergleich der Wirksamkeit von CBASP gegenüber einer Behandlung mit antidepressiver Medikation (und deren Kombination) im Zentrum des Forschungsinteresses. Bei den übrigen randomisiert-kontrollierten Studien war die Einnahme von antidepressiv wirksamen Medikamenten in Ergänzung zu den getesteten Psychotherapieansätzen prinzipiell möglich. Lediglich bei den beiden Studien von Schramm et al. (2011, 2017) sollte die Wirksamkeit von CBASP ohne die zusätzliche Gabe von Antidepressiva untersucht werden. In den meisten Studien wurden CBASP und die Vergleichspsychotherapien im ambulanten Setting als Einzelpsychotherapie angeboten. Ausnahmen davon stellen die Studien von

## 10.1 Wirksamkeit von CBASP

Michalak et al. (2015) und Locke et al. (2017) dar, in der CBASP im Gruppenformat mit MBCT bzw. BA verglichen wurden. Zudem wurden in zwei Verlaufsstudien Patienten im ambulanten Kontext entweder im Einzelfallsetting (Swan et al. 2014) oder Gruppensetting (Sayegh et al. 2012) behandelt. In den übrigen, in Tabelle 10.1 aufgeführten naturalistischen Verlaufsstudien nahmen Patienten stationäre Behandlungsprogramme inklusive CBASP im Einzel- und Gruppenformat in Anspruch. Die Behandlungsdauer reichte über die verschiedenen Studien hinweg von zehn bis maximal 52 Wochen, CBASP wurde in den im ambulanten Setting durchgeführten Studien dabei maximal zweimal pro Woche zur Anwendung gebracht und es wurden zehn bis zu 32 Therapiesitzungen durchgeführt. In den stationären Programmen konnten Patienten maximal bis zu zwölf Wochen behandelt werden und dabei zwei Einzel- und bis zu drei Gruppentherapiesitzungen pro Woche in Anspruch nehmen.

Entsprechend dem von McCullough (2000) formulierten Indikationsbereich für CBASP wurden nahezu alle Studien mit Patienten, die an einer chronischen Depression litten, durchgeführt. Dabei wurden die Einschlusskriterien zumeist anhand des DSM-IV definiert, so dass lediglich bei Guhn et al. (2019) mit Bezug zu DSM-5 die neu benannte Diagnose »Persistierende Depressive Störung« Berücksichtigung fand. Eine weitere Ausnahme im Hinblick auf die eingeschlossenen Patienten stellt die Studie von Cinciripini et al. (2010) dar, in der rauchende Schwangere CBASP als ein Behandlungsangebot unter anderen in Anspruch nehmen konnten. Die überwiegende Mehrheit der schwangeren Frauen litt jedoch an einer affektiven Störung (▶ Tab. 10.1). Zudem wurden in der Studie von Rief et al. (2018) Patienten mit episodischen oder chronischen Depressionen behandelt. In der Studie von Locke et al. (2017) wurden Patienten mit schwerer oder chronischer Major Depression eingeschlossen. An den randomisiert-kontrollierten Studien konnten Patienten im Alter zwischen 18 und 65 Jahren teilnehmen, bei Keller et al. (2000), Kocsis, Gelenberg et al. (2009) und Michalak et al. (2015) jedoch war die obere Altersgrenze auf 70 bzw. 75 Jahre festgelegt worden. Auch bei drei Beobachtungsstudien lag die Altersobergrenze zwischen 70 und 75 Jahren (Brakemeier et al. 2015, Sabaß et al. 2018, Swan et al. 2014). Von den in Tabelle 10.1 aufgeführten Studien (inkl. der Beobachtungsstudien) wurden drei in den USA (Cinciripini et al. 2010, Keller et al. 2000, Kocsis, Gelenberg et al. 2009), zwei in Kanada (Locke et al. 2017, Sayegh et al.

2012), acht in Deutschland (Brakemeier et al. 2015, Guhn et al. 2019, Michalak et al. 2015, Rief et al. 2018, Sabaß et al. 2018, Schramm et al. 2011, 2015, 2017) sowie eine jeweils in Großbritannien (Swan et al. 2014) und den Niederlanden (Wiersma et al. 2014) durchgeführt.

Die Wirksamkeit von CBASP im Vergleich zu den anderen Behandlungsoptionen wurde einerseits über den Rückgang depressiver Symptomatik, gemessen mit Selbstberichtsinstrumenten wie beispielsweise dem Beck Depressions-Inventar (BDI-II) und/oder Fremdbeurteilungsverfahren wie die Hamilton Depressionsskala (HAMD), bestimmt (▶ Kap. 4). Andererseits wurde berechnet, inwieweit sich Response- (wie viele Patienten sprechen auf das Behandlungsangebot an) und Remissionsraten (bei wie vielen Patienten reduziert sich die Symptomatik auf ein klinisch nicht mehr relevantes Niveau) unterschieden, wobei sich die jeweiligen Definitionen zwischen den Studien zum Teil unterscheiden. In einigen Studien wurden zusätzlich weitere, sog. Sekundäre Erfolgsmaße wie z. B. die Lebensqualität (Schramm et al. 2017) oder interpersonelle Maße (Locke et al. 2017, Sayegh et al. 2012) erhoben.

Es lässt sich feststellen, dass CBASP bei Patienten mit chronischer Depression in Kombination mit antidepressiver Medikation wirksamer war, als wenn eine der beiden Behandlungsoptionen alleine zur Anwendung kam (Keller et al. 2000, Schramm et al. 2015). Im Vergleich zu anderen Psychotherapieansätzen zeigte sich in keiner der bisher durchgeführten wissenschaftlichen Studien eine Unterlegenheit von CBASP, wenn ausschließlich chronisch depressive Patienten behandelt wurden. Im Gegenteil erwies sich CBASP am Ende der Akutbehandlung – zumindest in einem Teil der o. g. Erfolgskriterien – wirksamer als BA (Locke et al. 2017), IPT (Schramm et al. 2011), SPT (Schramm et al. 2017) und als CAU (Wiersma et al. 2014; ▶ Tab. 10.1). Keine statistisch signifikanten Wirksamkeitsunterschiede fanden sich im Vergleich zu MBCT (Michalak et al. 2015) und zu SPT, wenn sowohl CBASP als auch SPT als Augmentation zu einer medikamentösen Behandlung bei Patienten eingesetzt wurden, die nicht oder nur wenig von der vorausgehenden medikamentösen Behandlung profitiert hatten (Kocsis, Gelenberg et al. 2009). Bei chronisch depressiven Patienten ließen sich mit CBASP (mit oder ohne medikamentöse Therapie) Remissionsraten von ca. 20 (Wiersma et al. 2014) bis zu 57 % (Schramm et al. 2011) erreichen. Bei schwangeren Raucherinnen war CBASP nur dann überlegen, wenn die Frauen zugleich unter depressiven Symptomen litten (Cinciripini et al. 2010). Wurde CBASP im stationären Setting angeboten (intensivere Behandlung bei insgesamt schwerer erkrankten Patienten), lagen die Remissionsraten zwischen 34 % (Sabaß et al. 2018) und 47 % (Guhn et al. 2019). In einer gemischten Gruppe, bei der sowohl chronisch als auch episodisch depressive Patienten behandelt wurden, war CBASP der klassischen KVT unterlegen (Rief et al. 2018). Dabei ging der Unterschied in der Wirksamkeit der beiden Therapieverfahren auf die Gruppe der episodisch depressiven Patienten zurück.

Tab. 10.1: Überblick über die Studienlage zur Wirksamkeit von CBASP

| Studie | Teilnehmer (N) | Setting | Vergleichsgruppen | Hauptergebnisse |
|---|---|---|---|---|
| *Randomisiert-kontrollierte Studien, Vergleich mit ADM* | | | | |
| Keller et al. (2000) | Chronische MD (681) | A, E | CBASP vs. Nefazodon vs. Kombi | CBASP = ADM < CBASP + ADM (Kombi) |
| Schramm et al. (2015) | Chronische MD (60) | A, E | CBASP vs. Escitalopram vs. Kombi (bei Non-Response nach 8 Wochen) | CBASP = ADM, CBASP + ADM (Kombi) > CBASP, ADM bei Nonsponse-Patienten |
| *Randomisiert-kontrollierte Studien, Vergleich mit anderen PT* | | | | |
| Kocsis, Gelenberg et al. (2009) | Chronische MD (491) | A, E | CBASP (inkl. ADM) vs. SPT (inkl. ADM) vs. optimierte ADM | CBASP = SPT = optimierte ADM |
| Cinciripini et al. (2010) | Schwangere Raucherinnen (davon 16 % ohne Affektive Störung) (257) | A, E | CBASP (inkl. REP) vs. GP (inkl. REP) | CBASP > GP bei Patientinnen mit erhöhter Ausgangsdepressivität, CBASP < GP bei nicht vorhandener Depressivität |

# 10 Wissenschaftliche und klinische Evidenz

**Tab. 10.1:** Überblick über die Studienlage zur Wirksamkeit von CBASP – Fortsetzung

| Studie | Teilnehmer (N) | Setting | Vergleichsgruppen | Hauptergebnisse |
|---|---|---|---|---|
| Schramm et al. (2011) | Chronische MD (30) | A, E | CBASP vs. IPT | CBASP > IPT (BDI), CBASP = IPT (HAMD) |
| Wiersma et al. (2014) | Chronische MD (142) | A, E | CBASP vs. CAU | CBASP > CAU nach 52 Wochen |
| Michalak et al. (2015) | Chronische MD (106) | A, G | CBASP (inkl. TAU) vs. MBCT (inkl. TAU) vs. TAU | CBASP > TAU, MBCT = TAU, CBASP = MBCT |
| Locke et al. (2017) | MD (davon ein Teil chronische MD) (58) | A, G | CBASP (inkl. ADM) vs. BA (inkl. ADM) | CBASP > BA (HAMD), CBASP = BA (BDI) |
| Schramm et al. (2017) | Chronische MD (268) | A, E | CBASP vs. SPT | CBASP > SPT (HAMD) |
| Rief et al. (2018) | Episodische und chronische MD (173) | A, E | CBASP vs. KVTe vs. KVTm vs. WL | KVTe > CBASP, KVTm > CBASP, CBASP > WL |
| *Nicht-randomisierte Beobachtungsstudien* | | | | |
| Sayegh et al. (2012) | Therapieresistende MD (44) | A, G | - | Signifikante Prä-Post-Verbesserung (BDI) |
| Swan et al. (2014) | Chronische MD (74) | A, E | - | Signifikante Prä-Post-Verbesserung (BDI, HAMD) |
| Brakemeier et al. (2015) | Chronische MD (70) | S, E und G | - | Signifikante Prä-Post-Verbesserung (BDI, HAMD) |
| Sabaß et al. (2018) | Chronische MD (116) | S, E und G | - | Signifikante Prä-Post-Verbesserung (BDI, HAMD) |

**Tab. 10.1:** Überblick über die Studienlage zur Wirksamkeit von CBASP
– Fortsetzung

| Studie | Teilnehmer (N) | Setting | Vergleichs-gruppen | Hauptergebnisse |
|---|---|---|---|---|
| Guhn et al. (2019) | PDD (60) | S, E und G | - | Signifikante Prä-Post- und FU-Verbesserung (BDI, HAMD) |

Anmerkungen: A = ambulant, S = stationär, E = Einzeltherapie, G = Gruppentherapie, ADM = Antidepressive Medikation, BA = Behavioral Activation, chronische MD = chronische Major Depression (inkl. aller Verlaufstypen, siehe Text), PDD = Persistierende Depressive Störung, PT = Psychotherapie, SPT = Supportive Psychotherapie, GP = allgemeine Gesundheitspsychoedukation, REP = Raucherentwöhnungsprogramm, IPT = Interpersonelle Psychotherapie, CAU = »Care as Usual« (es waren die gängige Psychotherapiearten wie z. B. KVT oder Psychodynamische Psychotherapie möglich), TAU = »Treatment as Usual« (psychiatrische und/oder psychotherapeutische Behandlung möglich), MBCT = Mindfulness-based Cognitive Therapy, KVTe = Kognitive Verhaltenstherapie inkl. Bewegungsprogramm, KVTm = Kognitive Verhaltenstherapie inkl. achtsamkeitsbasierte Übungen, WL = Warteliste, BDI = Beck-Depressionsinventar-II, HAMD = Hamilton Depressionsskala, FU = Follow-up

Die aktuellste Meta-Analyse, in der von den in Tabelle 10.1 aufgeführten, randomisiert-kontrollierten Studien insgesamt sechs eingingen (bis einschließlich 2015 publiziert und mit ausschließlich chronisch depressiven Patienten durchgeführt), bestätigte die gerade referierten Ergebnisse (Negt et al. 2016). Im Vergleich zu den Kontrollbedingungen (antidepressive Medikation oder CAU, IPT, MBCT, SPT) ergab sich ein kleiner, aber signifikanter Effekt (Hedges' $g=0.34$, $p=0.007$) zugunsten von CBASP. Wurde CBASP ausschließlich mit CAU oder IPT verglichen, ergaben sich moderate bis hohe Effektstärken ($g=0.64-0.75$) zugunsten von CBASP. Im direkten meta-analytischen Vergleich mit ADM erwiesen sich beide Behandlungsarten als gleich wirksam. Die Kombination aus CBASP und ADM war zudem einer ADM-Monotherapie überlegen ($g=0.49-0.59$). Diese Ergebnisse stehen damit in Einklang mit einer etwas älteren Netzwerk-Meta-Analyse (Kriston et al. 2014), in der lediglich bis 2013 publizierte Studien berücksichtigt werden konnten.

In einer aktuellen, sog. Netzwerk-Meta-Regressionsanalyse, in der die Studiendaten von Keller et al. (2000), Kocsis, Gelenberg et al. (2009) und Schramm et al. (2015) eingingen, erwies sich die Kombination von CBASP mit einer ADM-Behandlung ebenfalls als effektiver im Vergleich zu der jeweiligen Monotherapie mit Antidepressiva oder CBASP (Furukawa et al. 2018).

> **Zusammenfassung:**
>
> Der Nachweis der Wirksamkeit von CBASP als Akutbehandlung kann durch wissenschaftliche Studien als erbracht angesehen werden. CBASP erweist sich in der Behandlung von Patienten mit chronischen Depressionen als gleich wirksam oder wirksamer als andere Psychotherapiemodelle und in Kombination mit einer antidepressiven Medikation wirksamer als die medikamentöse Therapie alleine.

Zu der Frage, wie die Langzeiteffekte von CBASP im Vergleich zu anderen Behandlungsoptionen ausfallen, liegen deutlich weniger Untersuchungen bzw. Veröffentlichungen vor. Aus der o. g. Keller-Studie wurden 82 Patienten, die von der Behandlung mit CBASP profitiert hatten, entweder einer CBASP-Erhaltungstherapie (eine CBASP-Therapiesitzung pro Monat) oder einer Gruppe mit ausschließlich Befragungen für die Studie per Zufall zugeteilt. Der Erhaltungs- bzw. Untersuchungszeitraum erstreckte sich über ein Jahr. Es zeigte sich, dass die mit CBASP-Erhaltungstherapie weiter versorgten Patienten signifikant weniger Rückfälle erlitten und im Mittel weniger depressiv im Vergleich zu den Patienten waren, die lediglich an Untersuchungsterminen teilnehmen konnten (Klein et al. 2004).

Für die von Schramm et al. (2015) durchgeführte Studie, in der die Wirksamkeit von CBASP mit der eines Antidepressivums (Escitalopram) verglichen wurde, wurde eine erneute Erhebung in einem Zeitraum von im Mittel 4,5 Jahren nach Beendigung der Therapie durchgeführt (Bausch et al. 2017a). Entgegen der Erwartung der Autoren nahm die depressive Symptomatik bei den CBASP-Patienten im Untersuchungszeitraum tendenziell mehr zu als bei denjenigen Patienten, die ursprünglich mit dem Medikament behandelt wurden. Knapp 30 % dieser Patienten nahm zur Follow-up-Erhebung keine Antidepressiva mehr ein. Die übrigen nahmen entweder Escitalpram weiter oder wechselten auf ein anderes Medikament.

Auch die bei Schramm et al. (2011, ▶ Tab. 10.1) ermittelte Überlegenheit nach Ende der Behandlung von CBASP gegenüber IPT konnte in einer Erhebung nach einem Jahr nicht mehr statistisch gegen den Zufall abgesichert werden. Von den Patienten, die von CBASP im Gruppenformat mehr profitiert hatten, als von einer Behandlung in der Regelversorgung, waren auch nach sechs Monaten (im Mittel) knapp 23 % remittiert und damit signifikant mehr als in der Regelversorgung (Michalak et al. 2016). CBASP und MBCT unterschieden sich in der Nacherhebung nicht signifikant voneinander. Schließlich ergab die Nachuntersuchung der Patienten, die im Rahmen der Studie von Schramm et al. (2017) behandelt wurden, dass CBASP seine Überlegenheit gegenüber der SPT im Einjahresverlauf – also bis zu einem Jahr nach Beendigung der Therapie – noch aufrechterhielt, dass sich aber nach zwei Jahren kein statistisch signifikanter Unterschied mehr zwischen den beiden Therapieverfahren zeigte (Schramm et al. 2019). Emmelkamp et al. (2019) untersuchten sieben Jahre nach Behandlungsende die Patienten aus der Studie von Wiersma et al. (2014), um zu prüfen, ob die ursprünglich ermittelten Unterschiede zwischen CBASP und CAU auch nach diesem Zeitraum noch zu finden sind. Von den ursprünglich 139 Patienten konnten zur Untersuchung nach sieben Jahren nur noch 39 erreicht werden, so dass die Ergebnisse – auch vor dem Hintergrund der kleinen Stichprobe (gleichbedeutend mit einer geringen statistischen Power) – sehr vorsichtig zu interpretieren sind. Die bereits zu Therapieende ermittelte Differenz im Depressionswert (Wiersma et al. 2014) zeigte sich in ungefähr der gleichen Größenordnung nach sieben Jahren wieder, wurde jedoch aufgrund der geringen Stichprobengröße statistisch nicht mehr signifikant. Von den befragten Patienten berichteten 85 %, im Verlauf der sieben Jahre unter einer erheblichen Symptombelastung gelitten zu haben.

Am Ende einer stationären CBASP-Behandlung sprachen in der Untersuchung von Brakemeier et al. (2015) 82 % der Patienten auf die Therapie an, 43 % waren remittiert. Zwölf Monate nach Entlassung aus der stationären Behandlung hatten ca. 50 % derjenigen Patienten, die ursprünglich auf die Therapie ansprachen, wieder einen Rückfall. Bei Guhn et al. (2019) wurde ein halbes Jahr nach Entlassung aus der stationären Behandlung untersucht, ob sich die Therapieerfolge aufrechterhalten ließen. Bei 35 % der Patienten konnte eine anhaltende Remission der Symptomatik festgestellt werden, bei 17 % kam es in diesem Zeitraum zu einem Rückfall.

> **Zusammenfassung:**
>
> Es lässt sich in Bezug zu der Frage der Aufrechterhaltung der durch CBASP erreichten Therapieerfolge vorläufig feststellen, dass im Vergleich zur Routineversorgung die mit CBASP behandelten Patienten den etwas besseren Langzeitverlauf aufweisen (Michalak et al. 2016). Ohne weitere CBASP-Therapiesitzungen zur Sicherung der Therapieerfolge (durchaus in etwas größeren Zeitabständen) scheint CBASP jedoch nach ca. einem Jahr nach Beendigung der Therapie seine Überlegenheit gegenüber anderen Therapieformen wie IPT, SPT oder CAU zu verlieren (Emmelkamp et al. 2019, Schramm et al. 2011, 2019). Auch nach stationärer CBASP-Therapie kommt es zu einer z. T. erheblichen Rückfallquote (Brakemeier et al. 2015).

Es stellt sich damit die dringliche Frage, wie die Behandlungsergebnisse insgesamt noch verbessert und mit welchen Mitteln (z. B. sogenannten Aufrechterhaltungssitzungen) in welchem zeitlichen Abstand erreichte Behandlungserfolge längerfristig aufrechterhalten werden können.

Nichtsdestotrotz wird vor dem Hintergrund der Befundlage (bis einschließlich 2015 – so dass die in Tab. 10.1 nach 2015 publizierten Studien nicht berücksichtigt werden konnten) CBASP als Behandlungsoption für die Persistierende Depressive Störung in der aktuell gültigen, nationalen S3-Leitlinie aufgeführt (DGPPN et al. 2015), ebenso wie in den Empfehlungen der European Psychiatric Association (Jobst et al. 2016).

## 10.2 Wer profitiert besonders von CBASP?

Mit den Daten der in Tab. 10.1 aufgeführten Effektivitätsstudien wurden eine Vielzahl von detaillierten Analysen (sog. Post-hoc-Analysen) durchgeführt. Die Mehrzahl dieser Analysen beschäftigte sich mit der Frage, wer von CBASP – bzw. der jeweiligen Vergleichsbedingung – besonders profitierte. Dabei wurde einerseits untersucht, welche bereits vor der jeweiligen Behandlung feststehenden Merkmale (z. B. Behandlungspräferenzen, frühe Traumatisierungen, etc.) den Therapieerfolg beeinflussten (sogenannte Moderatoren), andererseits wurden potenzielle Mediatoren – vor allem vermutete Wirkvariablen wie z. B. der Lernerfolg hinsichtlich der Situationsanalysen – genauer analysiert. Im Folgenden werden als besonders relevant eingeschätzte Ergebnisse dieser Analysen vorgestellt.

### 10.2.1 Moderatoren des Therapieerfolgs

Kocsis, Leon et al. (2009) stellten fest, dass die jeweilige Behandlungspräferenz von Patienten maßgeblich den Therapieerfolg beeinflusste. Anhand der Daten aus der Studie von Keller et al. (2000) konnten die Autoren feststellen, dass Patienten, die eine Monotherapie präferierten (entweder Psychotherapie mit CBASP oder medikamentöse Therapie mit Nefazodon), am meisten von der jeweiligen Therapie profitierten, wenn sie ihre präferierte Therapie in Anspruch nehmen konnten. Dieser Befund ist deshalb hoch relevant, da er eindrucksvoll verdeutlicht, dass die Patientenpräferenz bei der Wahl der jeweiligen Behandlungsart von großer Bedeutung ist.

Ein weiteres sehr relevantes Ergebnis, das anhand der Daten der Keller-Studie ermittelt wurde, beschäftigte sich mit dem Einfluss früher Traumatisierungen auf den Therapieerfolg: Nemeroff et al. (2003) konnten zeigen, dass Patienten mit frühen Traumatisierungen von CBASP als Monotherapie signifikant mehr profitierten als früh traumatisierte Patienten, die mit dem Antidepressivum behandelt wurden. Die Kombination von CBASP und dem Antidepressivum brachte bei der Gruppe der frühtraumatisierten Patienten keinen zusätzlichen Behandlungseffekt. Zur Erinnerung: In der

Gesamtgruppe aller Patienten war die Kombination der beiden Behandlungsansätze am erfolgreichsten (Keller et al. 2000). Auch Bausch et al. (2017b) haben untersucht, inwieweit frühe Traumatisierungen den Behandlungserfolg von CBASP im Vergleich mit einem Antidepressivum beeinflussten. Im Gegensatz zu Nemeroff et al. (2003) konnten sie jedoch keine Überlegenheit von CBASP gegenüber der medikamentösen Therapie mit Escitalopram nach einem Behandlungszeitraum von insgesamt 28 Wochen ermitteln. Die Unterschiede zu den Ergebnissen von Nemeroff et al. (2003) könnten möglicherweise durch die Verwendung verschiedener Instrumente zur Erhebung der frühen Traumatisierungen zustande gekommen sein oder durch die Tatsache, dass bei den Patienten, die im Rahmen der von Bausch et al. (2017b) erhobenen Befunde mit Escitalopram behandelt wurden, ein relativ intensives klinisches Management erhielten. Zudem wurden beide Studien in unterschiedlichen Ländern (USA und Deutschland) durchgeführt. Michalak et al. (2016) haben ebenfalls den Einfluss von frühen Traumatisierungen auf die Wirksamkeit verschiedener Behandlungsangebote geprüft und sich dabei auf die Studie von Michalak et al. (2015) bezogen. Sie fanden, dass chronisch depressive Patienten mit frühen Traumatisierungen, die entweder mit CBASP oder mit MBCT behandelt wurden, mehr von der Therapie profitierten als Patienten in der Regelversorgung (TAU). Unterschiede zwischen den beiden Therapieverfahren in Abhängigkeit von frühen Traumatisierungen der Studienpatienten zeigten sich nicht. Die Frage des Einflusses früher Traumatisierungen stand auch im Zentrum der Analyse von Klein, Erkens et al. (2018), die die Daten aus der Studie von Schramm et al. (2017) genauer analysierten. Im Vergleich von CBASP mit Supportiver Psychotherapie (SPT) bei chronisch depressiven Patienten mit frühem Beginn zeigte sich, dass die Patientengruppe mit früher Traumatisierung, die mit CBASP behandelt wurde, mehr von der Behandlung profitierte als die früh traumatisierten Patienten, die mit SPT behandelt wurden (vgl. Serbanescu et al. 2020). Vor allem der Subtyp »emotionaler Missbrauch« trug zu dem moderierenden Effekt der frühen Traumatisierungen auf den Behandlungserfolg bei.

> **Merke:**
>
> CBASP ist im Vergleich zu anderen Therapieoptionen besonders wirksam bei der Behandlung von chronisch depressiven Patienten mit frühen Traumatisierungen.

Probst und Kollegen (2020) haben untersucht, inwieweit mit dem IIP-D (▶ Kap. 4) erfasste interpersonelle Probleme den Therapieerfolg von CBASP im Vergleich zu MBCT (Michalak et al. 2015) vorhersagen lassen. Die Autoren konnten zeigen, dass höhere IIP-D-Werte auf der Skala »zu streitsüchtig/konkurrierend« zu Therapiebeginn mit weniger Symptombesserung in CBASP im Vergleich zu MBCT einhergehen. Bei letzterem Therapieansatz hat das Ausmaß dieses interpersonellen Problems keine Relevanz für den Therapieerfolg. Schätzten sich die Patienten jedoch ausgeprägter »zu selbstunsicher/unterwürfig« ein, profitierten sie signifikant mehr von CBASP als von MBCT.

Zusammengefasst lässt sich damit eine Tendenz vermuten, dass CBASP bei Patienten mit frühen Traumatisierungen und spezifischen interpersonellen Problemen besonders geeignet erscheint, was in Einklang mit dem Kapitel »Wissenschaftliche Grundlagen« dargestellten Störungsmodell stehen würde (▶ Kap. 3).

## 10.2.2 Mediatoren des Therapieerfolgs

Constantino und Kollegen (2008) konnten unter Rückgriff auf Daten aus der Keller-Studie die Hypothese von McCullough bestätigen, dass Patienten mit einer chronischen Depression interpersonell feindseliger, submissiver und feindselig-submissiver erscheinen (▶ Kap. 3). Sie verglichen die von CBASP-Therapeuten eingeschätzten IMI-Ratings mit IMI-Profilen gesunder Kontrollprobanden und mit IMI-Ratings von Therapeuten episodisch depressiver Patienten. In einer weiteren Analyse zeigten nun Constantino et al. (2012), dass sich die von den chronisch depressiven Patienten gezeigten Interaktionsstile im Rahmen einer CBASP-Therapie tatsächlich positiv verändern können. Insbesondere zeigte sich, dass ein Rückgang feindselig-submissiver

Impacts mit einem Rückgang der Depressivität im Zuge der Behandlung mit CBASP einherging. Eine Zunahme freundlich-dominanter Interaktionen stand jedoch nicht in signifikantem Zusammenhang mit dem Behandlungserfolg. Unabhängig von diesem letzten Befund steht das Ergebnis von Constantino et al. (2012) somit in guter Übereinstimmung mit der Störungs- und Veränderungstheorie, auf der CBASP basiert.

Eine weitere post-hoc-Analyse der Keller-Studie unterstreicht die Bedeutung der zentralen CBASP-Intervention – der Situationsanalyse – für den Therapieerfolg. Manber et al. (2003) konnten zeigen, dass CBASP-Patienten eine umso größere Symptomreduktion am Ende der Behandlung aufwiesen, desto besser sie die Durchführung einer Situationsanalyse bereits zur Mitte der Behandlung erlernt hatten. Dabei spielte es keine Rolle, ob sie ausschließlich mit CBASP oder in der Kombination von CBASP und einem Antidepressivum behandelt wurden.

**Merke:**

Je besser CBASP-Patienten die Situationsanalyse selbstständig anwenden lernen, umso weniger depressiv sind sie am Ende der Behandlung.

Da es eines der Hauptziele der Situationsanalyse ist, interpersonelle Problemlösefertigkeiten zu erlernen, steht auch der letzte Befund, der hier berichtet werden soll, in Einklang mit der Veränderungstheorie von CBASP. Klein und Kollegen (2011) untersuchten mit der Stichprobe der REVAMP-Wirksamkeitsstudie (Kocsis, Gelenberg et al. 2009), ob chronisch depressive Patienten, die mit CBASP und Pharmakotherapie behandelt wurden, am Ende der Therapie mehr soziales Problemlöseverhalten erlernt hatten, als Patienten, die mit SPT und Pharmakotherapie therapiert wurden. Entsprechend der Vermutung zeigten die CBASP-Patienten die größeren Verbesserungen im Problemlöseverhalten. Die Veränderungen im sozialen Problemlösen sagten auch Besserungen der depressiven Symptomatik voraus, auch wenn dieser Effekt in der CBASP (plus Psychopharmaka) nicht größer ausfiel als in der SPT-Gruppe.

Die Frage, wer besonders gut von CBASP profitiert, lässt sich natürlich nicht abschließend beantworten. Es gibt jedoch zusammenfassend empi-

## 10.2 Wer profitiert besonders von CBASP?

rische Evidenz dafür, dass chronisch depressive Patienten, die im Zuge von Traumatisierungen durch prägende Bezugspersonen früh erkrankten, die unter stärkerer Symptomausprägung leiden, denen es gelingt, im Zuge der Behandlung ihren Interaktionsstil zu verändern sowie die Technik der Situationsanalyse erfolgreich zu erlernen und sich dadurch ihre sozialen Problemlösefertigkeiten verbessern, besonders von CBASP profitieren. Trotz der insgesamt positiven Befunde und klinischen Erfahrungen zeigen die Behandlungsergebnisse, dass Anstrengungen unternommen werden müssen, um das Behandlungsangebot weiter zu verbessern.

# 11 Institutionelle Verankerung

Mit den Zielen, CBASP im deutschen Sprachraum zu verbreiten, dessen Anwendung, Weiterentwicklung, Evaluation und Qualitätssicherung zu gewährleisten sowie Fortbildungen in CBASP für Angehörige von Gesundheitsberufen zu organisieren, hat sich der Verein »CBASP-Netzwerk« gegründet (www.cbasp-network.de). Um den Vereinszielen gerecht werden zu können, wurden z. B. Richtlinien zu einer durch den Verein getragenen Zertifizierung zur Durchführung von CBASP erarbeitet (siehe auch nächste Seite). Des Weiteren organisiert der Verein in Zusammenarbeit mit einem jeweils wechselnden Partner aus dem wissenschaftlich-klinischen Umfeld in zweijährigem Abstand einen Kongress, auf dem aktuelle Forschungsentwicklungen und -ergebnisse vorgestellt sowie Weiterbildungs-Workshops angeboten werden.

Die International CBASP Society (www.cbaspsociety.org) hat sich gegründet, um weitestgehend dieselben Ziele international verfolgen zu können. Schwerpunktmäßig in den USA und Kanada verankert, jedoch auch für Personen anderer (auch europäischer) Länder offen und zugänglich, werden von der Society Informationen zur Persistierenden Depressiven Störung und zum CBASP auf einer Homepage zur Verfügung gestellt und Weiterbildungen organisiert.

# 12 Informationen zur Fortbildung in CBASP

Da es sich bei CBASP nicht um ein eigenständiges Therapieverfahren (wie z. B. Verhaltenstherapie oder Psychoanalyse) handelt, gibt es keine Ausbildung in CBASP. Vielmehr wird CBASP im Rahmen von Fortbildungsveranstaltungen vermittelt. CBASP-Fortbildungsveranstaltungen werden im deutschen Sprachraum vorwiegend – aber nicht ausschließlich – mit Bezug zu den vom CBASP-Netzwerk e.V. formulierten Kriterien angeboten und durchgeführt. Möchte man nach diesen Kriterien das Zertifikat erwerben, muss als Voraussetzung entweder ein Facharzt für Psychiatrie und Psychotherapie, ein Facharzt für Psychosomatische Medizin oder die Approbation als Psychologischer Psychotherapeut erworben sein. Es kann jedoch in der ärztlichen Weiterbildungszeit oder der Ausbildungszeit zum Psychologischen Psychotherapeuten mit der Fortbildung begonnenen werden.

Der Erwerb des Fortbildungszertifikats setzt voraus, dass man 24 Unterrichtseinheiten einer Einführung zu CBASP nachweisen kann. Darüber hinaus werden weitere 24 Unterrichtseinheiten Teilnahme an sogenannten Praxistagen gefordert. Im Rahmen der Praxistage werden die CBASP-Interventionen intensiviert eingeübt. Auf der Homepage des CBASP-Netzwerk e.V. kann eine aktuelle Liste mit Links zu verschiedenen Fortbildungsanbietern und -angeboten eingesehen werden.

Neben dem Nachweis der Teilnahme an Fortbildungsangeboten müssen mindestens zwei Patienten mit Persistierender Depressiver Störung unter Supervision nach jeder zweiten Therapiesitzung unter Anwendung der CBASP-spezifischen Interventionen behandelt werden (aktuelle Anpassungen sind möglich, deshalb sei hier auf die Homepage des Vereins verwiesen: www.cbasp-network.org).

Neben den deutschsprachigen Kursen bietet der Entwickler von CBASP, James McCullough, in Richmond, Virginia, Trainingskurse in CBASP an.

## 12 Informationen zur Fortbildung in CBASP

Man kann sich über diese Trainingskurse anhand seiner Homepage informieren und anmelden (www.cbasp.org). Die CBASP-Workshops von James McCullough umfassen in der Regel fünf Tage.

Neben der Fortbildung zum CBASP-Therapeuten kann man sich auch als CBASP-Trainer und/oder CBASP-Supervisor weiterqualifizieren. Auch hierzu hat das CBASP-Netzwerk Standards formuliert, die über die Homepage des Netzwerks einzusehen sind.

# Literatur

American Psychiatric Association (APA) (1994) Diagnostic and statistical manual of mental disorders, 4th edition: DSM-IV. Washington, DC: American Psychiatric Association.

American Psychiatric Association (APA) (2013) Diagnostic and statistical manual of mental disorders, 5th edition: DSM-5. Washington, DC: American Psychiatric Association. (Deutsche Übersetzung: Falkai P, Wittchen HU (Hrsg.) (2015) Diagnostisches und Statistisches Manual Psychischer Störungen - DSM-5. Göttingen: Hogrefe.)

Backenstraß M, Röttgers H-O (2013) CBASP bei Zwangsstörung und komorbider chronischer Depression. In: Belz M, Caspar F, Schramm E (Hrsg.) Therapieren mit CBASP. München: Elsevier, Urban & Fischer. S. 143–159.

Bailey KG (1988) Psychological kinship: Implications for the helping professions. Psychother 25: 132–142.

Bandura A (1977) Social learning theory. Englewood Cliffs, NJ: Prentice-Hall, Inc.

Bauriedl-Schmidt C, Jobst A, Gander M, Seidl E, Sabaß L, Sarubin N, Mauer C, Padberg F, Buchheim A (2017) Attachment representations, patterns of emotion regulation, and social exclusion in patients with chronic and episodic depression and healthy controls. J Affect Disord 210: 120–128. doi.org/10.1016/j.jad.2016.12.030.

Bausch P, Fangmeier T, Schramm E, Zobel I, Drost S, Schnell K, Walter H, Berger M, Schoepf D, Normann C (2017a) Cognitive behavioral analysis system of psychotherapy versus escitalopram in patients with chronic depression: Results from a naturalistic long-term follow-up. Psychother Psychosom 86: 308–310. doi.org/10.1159/000477133.

Bausch P, Fangmeier T, Zobel I, Schoepf D, Drost S, Schnell K, Walter H, Berger M, Normann C, Schramm E (2017b) The impact of childhood maltreatment on the differential efficacy of CBASP versus escitalopram in patients with chronic depression: A secondary analysis. Clin Psychol Psychother 24: 1155–1162. doi: 10.1002/cpp.2081.

Beesdo-Baum K, Zaudig M, Wittchen H-U (Hrsg.) (2019a) SCID-5-CV: Strukturiertes Klinisches Interview für DSM-5-Störungen – Klinische Version. Göttingen: Hogrefe.

Beesdo-Baum K, Zaudig M, Wittchen H-U (Hrsg.) (2019b) SCID-5-PD: Strukturiertes Klinisches Interview für DSM-5 – Persönlichkeitsstörungen. Göttingen: Hogrefe.

Bernstein DP, Stein JA, Newcomb MD, Walker E, Pogge D, Ahluvalia T, Stokes J, Handelsman L, Medrano M, Desmond D, Zule W (2003) Development and validation of a brief screening version of the Childhood Trauma Questionnaire. Child Abuse Negl 27: 169–190. doi.org/10.1016/S0145-2134(02)00541-0.

Bettighofer S (2020) Übertagung und Gegenübertragung. In: Strauß B, Galliker M, Linden M, Schweitzer J (Hrsg.) Ideengeschichte der Psychotherapieverfahren. Theorien, Konzepte, Methoden. Stuttgart: Kohlhammer (in Vorbereitung).

Bird T, Tarsia M, Schwannauer M (2018) Interpersonal styles in major and chronic depression: A systematic review and meta-analysis. J Affect Disord 239: 93–101. doi:10.1016/j.jad.2018.05.057.

Bollmann S, Schuler M, Haupenthal S, Zetzsche T, Brakemeier E (2015) Psychotherapie im Alter: Das Cognitive Behavioral Analysis System of Psychotherapy (CBASP) für chronisch depressive ältere Patienten. Persönlichkeitsstörungen 19: 137–151.

Brakemeier E-L, Dobias J, Hertel J, Bohus M, Limberger MF, Schramm E, Radtke M, Frank P, Padberg F, Sabass L, Jobst A, Jacob GA, Struck N, Zimmermann J, Normann, C. (2018) Childhood maltreatment in women with borderline personality disorder, chronic depression, and episodic depression, and in healthy controls. Psychother Psychosom 87: 49–51. doi.org/10.1159/000484481.

Brakemeier E-L, Herzog P, Radtke M, Schneibel R, Breger V, Becker M, Spies J, Jacobi F, Heider J, Normann, C. (2018) CBASP als stationäres Behandlungskonzept der therapieresistenten chronischen Depression: Eine Pilotstudie zum Zusammenhang von Nebenwirkungen und Therapieerfolg. Psychother Psych Med 68: 399–407. doi.org/10.1055/a-0629-7802.

Brakemeier E-L, Normann C (2012) Praxisbuch CBASP: Behandlung chronischer Depression. Weinheim: Beltz.

Brakemeier E-L, Radtke M, Engel V, Zimmermann J, Tuschen-Caffier B, Hautzinger M, Schramm E, Berger M, Normann C (2015) Overcoming treatment resistance in chronic depression: A pilot study on outcome and feasibility of the Cognitive Behavioral Analysis System of Psychotherapy as an inpatient treatment program. Psychother Psychosom 84: 51–56. doi:10.1159/000369586.

Brockmeyer T, Kulessa D, Hautzinger M, Bents H, Backenstrass M (2015) Differentiating early-onset chronic depression from episodic depression in terms of cognitive-behavioral and emotional avoidance. J Affect Disord 175: 418–423. doi:10.1016/j.jad.2015.01.045.

Brockmeyer T, Zimmermann J, Kulessa D, Hautzinger M, Bents H, Friederich H-C, Herzog W, Backenstrass M (2015) Me, myself, and I: Self-referent word use as an indicator of self-focused attention in relation to depression and anxiety. Front Psychol 6:1564. doi:10.3389/fpsyg.2015.01564.

# Literatur

Caspar F (2013) Störungsübergreifender Einsatz von CBASP. In: Belz M, Caspar F, Schramm E (Hrsg.) Therapieren mit CBASP. München: Elsevier, Urban & Fischer. S. 161–167.

Caspar F, Berger T, Fingerle H, Werner M (2016) Das deutsche IMI: Das Impact Message Inventory nach Kiesler und seine Circumplexstruktur. PiD 17: e1–e10. doi.org/10.1055/s-0042-105981.

Caspar F, Walter H, Schnell K (2013) Entwicklungspsychologische Grundlagen von CBASP. In: Belz M, Caspar F, Schramm E (Hrsg.) Therapieren mit CBASP. München: Elsevier, Urban & Fischer. S. 25–34.

Castonguay LG, Newman MG, Borkovec TD, Grosse Holtforth M, Maramba GG (2005) Cognitive-behavioral assimilative integration. In: Norcross JC, Goldfried MR (Eds.) Handbook of psychotherapy integration. 2nd ed. New York: Oxford University Press. S. 241–260. doi.org/10.1093/med:psych/9780195165791.003.0011.

CBASP-Netzwerk e.V. (2020) CBASP Experten in Deutschland, Schweiz und Österreich. Zugriff am 15.01.2020 unter hwww.cbasp-network.de/index.php/therapeuten-und-supervisoren.

Cinciripini PM, Blalock JA, Minnix JA, Robinson JD, Brown VL, Lam C, Wetter DW, Schreindorfer L, McCullough JP, Dolan-Mullen P, Stotts AL, Karam-Hage M (2010) Effects of an intensive depression-focused intervention for smoking cessation in pregnancy. J Consult Clin Psychol 78: 44–54. doi:10.1037/a0018168.

Constantino MJ, Laws HB, Arnow BA, Klein DN, Rothbaum BO, Manber R (2012) The relation between changes in patients' interpersonal impact messages and outcome in treatment for chronic depression. J Consult Clin Psychol 80: 354–64. doi:10.1037/a0028351.

Constantino MJ, Laws HB, Coyne AE, Greenberg RP, Klein DN, Manber R, Rothbaum BO, Arnow BA (2016) Change in patients' interpersonal impacts as a mediator of the alliance-outcome association in treatment for chronic depression. J Consult Clin Psychol 84: 1135–1144. doi:10.1080/10503307.2016.1218089.

Constantino MJ, Manber R, Degeorge J, McBride C, Ravitz P, Zuroff DC, Klein DN, Markowitz JC, Rothbaum BO, Thase ME, Arnow BA (2008) Interpersonal styles of chronically depressed outpatients: Profiles and therapeutic change. Psychotherapy (Chic) 45: 491–506. doi:10.1037/a0014335.

Coyne JC (1976) Toward an interactional description of depression. Psychiatry 39: 28–40.

DGPPN, BÄK, KBV, AWMF (Hrsg.) für die Leitliniengruppe Unipolare Depression (2015) S3-Leitlinie/Nationale VersorgungsLeitlinie Unipolare Depression - Langfassung, 2. Auflage. Version 5. doi:10.6101/AZQ/000364. www.depression.versorgungsleitlinien.de.

DiSalvo C, McCullough JP (2002) Treating a chronically depressed adolescent female using the cognitive behavioral analysis system of psychotherapy: A case study. J Contemp Psychother 32: 273–280. doi:10.1023/A:1020572826900.

Domes G, Spenthof I, Radtke M, Isaksson A, Normann C, Heinrichs M (2016) Autistic traits and empathy in chronic vs. episodic depression. J Affect Disord 195: 144–147. doi:10.1016/j.jad.2016.02.006.

Eich HS, Kriston L, Schramm E, Bailer J (2018) The German version of the helping alliance questionnaire: Psychometric properties in patients with persistent depressive disorder. BMC Psychiatry 18: 107. doi: 10.1186/s12888-018-1697-8.

Emmelkamp J, Kooistra L, van Oppen P, van Schaik D, Hoogendoorn A, Dekker J, Beekman A, McCullough JP, Wiersma J (2019) Long-term outcome of treatment for persistent depressive disorder: A naturalistic follow-up study. Psychother Psychosom. doi:10.1159/000503115.

Favorite TK (2013) Behandlung chronischer Depression und komorbider posttraumatischer Belastungsstörung mit dem CBASP. In: Belz M, Caspar F, Schramm E (Hrsg.) Therapieren mit CBASP. München: Elsevier, Urban & Fischer. S. 91–107.

Furukawa TA, Efthimiou O, Weitz ES, Cipriani A, Keller MB, Kocsis JH, Klein DN, Michalak J, Salanti G, Cuijpers P, Schramm E (2018) Cognitive-behavioral analysis system of psychotherapy, drug, or their combination for persistent depressive disorder: Personalizing the treatment choice using individual participant data network metaregression. Psychother Psychosom 87: 140–153. doi: 10.1159/000489227.

Gilmer WS, Trivedi MH, Rush AJ, Wisniewski SR, Luther J, Howland RH, Yohanna D, Khan A, Alpert J (2005) Factors associated with chronic depressive episodes: A preliminary report from the STAR*D project. Acta Psychiatr Scand 112: 425–433. doi: 10.1111/j.1600-0447.2005.00633.x.

Guhn A, Köhler S, Brakemeier E-L (2019) Kiesler-Kreis-Training. Manual zur Behandlung interpersoneller Probleme. Weinheim: Beltz.

Guhn A, Köhler S, Brakemeier E-L, Sterzer P (2019) Cognitive behavioral analysis system of psychotherapy for inpatients with persistent depressive disorder: A naturalistic trial on a general acute psychiatric unit. Eur Arch Psychiatry Clin Neurosci. doi: 10.1007/s00406-019-01038-5.

Hautzinger M, Keller F, Kühner C (2006) BDI-II: Beck Depressions-Inventar Revision. Frankfurt: Pearson.

Hayes SC (2004) Acceptance and commitment therapy, relational frame theory, and the third wave of behavioral and cognitive therapies. Behav Ther 35: 639–665. doi.org/10.1016/S0005-7894(04)80013-3.

Heidenreich T, Michalak J (Hrsg.) (2013) Die »dritte Welle« der Verhaltenstherapie: Grundlagen und Praxis. Weinheim: Beltz.

Hölzel LP, Storz P, Normann C (2017) Diagnostik bei affektiven Störungen. In: Stieglitz R-D, Freyberger HJ (Hrsg.) Diagnostik in der Psychotherapie: Ein Praxisleitfaden. Stuttgart: Kohlhammer. S. 113–122.

Horowitz LM, Strauß B, Thomas A, Kordy H (2016) IIP-D: Inventar zur Erfassung interpersonaler Probleme – Deutsche Version. 3. Aufl. Göttingen: Hogrefe.

Jacobi F, Höfler M, Strehle J, Mack S, Gerschler A, Scholl L, Busch MA, Maske U, Hapke U, Gaebel W, Maier W, Wagner M, Zielasek J, Wittchen HU (2014) Psychische Störungen in der Allgemeinbevölkerung: Studie zur Gesundheit Erwachsener in Deutschland und ihr Zusatzmodul Psychische Gesundheit (DEGS1-MH). Nervenarzt 85: 77–87. doi:10.1007/s00115-013-3961-y.

Jobst A, Brakemeier E-L, Buchheim A, Caspar F, Cuijpers P, Ebmeier KP, Falkai P, Jan van der Gaag R, Gaebel W, Herpertz S, Kurimay T, Sabass L, Schnell K, Schramm E, Torrent C, Wasserman D, Wiersma J, Padberg F (2016) European Psychiatric Association Guidance on psychotherapy in chronic depression across Europe. Eur Psychiatry 33: 18–36. doi.org/10.1016/j.eurpsy.2015.12.003.

Kaess M, Parzer P, Mattern M, Plener PL, Bifulco A, Resch F, Brunner R (2013) Adverse childhood experiences and their impact on frequency, severity, and the individual function of nonsuicidal self-injury in youth. Psychiatry Res 206: 265–72. doi: 10.1016/j.psychres.2012.10.012.

Keller MB, McCullough JP, Klein DN, Arnow B, Dunner DL, Gelenberg AJ, Markowitz JC, Nemeroff CB, Russell JM, Thase ME, Trivedi MH, Zajecka J (2000) A comparison of Nefazodone, the cognitive behavioral analysis system of psychotherapy, and their combination for the treatment of chronic depression. N Engl J Med 342: 1462–1470. doi:10.1056/NEJM200005183422001.

Kessler RC, Berglund P, Demler O, Jin R, Merikangas KR, Walters EE (2005) Lifetime prevalence and age-of-onset distributions of DSM-IV disorders in the National Comorbidity Survey Replication. Arch Gen Psychiatry 62: 593–602. doi.org/10.1001/archpsyc.62.6.593.

Kiesler DJ (1983) The 1982 Interpersonal Circle: A taxonomy for complementarity in human transactions. Psychol Rev 90: 185–214.

Kiesler DJ (1996) Contemporary interpersonal theory and research: Personality, psychopathology, and psychotherapy. New York: Wiley.

Kiesler DJ, Schmidt JA (1993) The Impact Message Inventory: Form IIA Octant Scale Version. Redwood City, CA: Mind Garden.

Kiyhankhadiv A, Schramm E (2017) Manual zur interpersonellen Modulgruppe. Südwestdeutscher Verlag für Hochschulschriften.

Klein DN, Leon AC, Li C, D'Zurilla TJ, Black SR, Vivian D, Dowling F, Arnow BA, Manber R, Markowitz JC, Kocsis JH (2011) Social problem solving and depressive symptoms over time: a randomized clinical trial of cognitive-behavioral analysis system of psychotherapy, brief supportive psychotherapy, and pharmacotherapy. J Consult Clin Psychol 79: 342–52. doi:10.1037/a0023208.

Klein DN, Santiago NJ, Vivian D, Blalock JA, Kocsis JH, Markowitz JC, McCullough JP, Rush AJ, Trivedi MH, Arnow BA, Dunner DL, Manber R, Rothbaum B, Thase ME, Keitner GI, Miller IW, Keller MB (2004) Cognitive-behavioral analysis system of psychotherapy as a maintenance treatment for chronic depression. J Consult Clin Psychol 72: 681–688. doi:10.1037/0022-006X.72.4.681.

Klein DN, Shankman SA, Rose S (2006) Ten-year prospective follow-up study of the naturalistic course of dysthymic disorder and double depression. Am J Psychiatry 163: 872–880. doi:10.1176/ajp.2006.163.5.872.

Klein JP, Backenstraß M, Schramm E (2018) Therapie-Tools CBASP. Weinheim: Beltz.

Klein JP, Belz M (2014) Psychotherapie chronischer Depression: Praxisleitfaden CBASP. Göttingen: Hogrefe.

Klein JP, Erkens N, Schweiger U, Kriston L, Bausch P, Zobel I, Hautzinger M, Schoepf D, Serbanescu I, Bailer J, Backenstrass M, Wambach K, Walter H, Härter M, Schramm E (2018) Does childhood maltreatment moderate the effect of the Cognitive Behavioral Analysis System of Psychotherapy (CBASP) versus Supportive Psychotherapy in persistent depressive disorder? Psychother Psychosom 87: 46–48. doi:10.1159/000484412.

Klein JP, Probst T, Kriston L, Erkens N, Assmann N, Bailer J, Eich H, Schweiger U, Stenzel NM, Wambach K, Hautzinger M, Härter M, Schramm E (2020) Changes in therapeutic alliance and in social inhibition as mediators of the effect of the Cognitive Behavioral Analysis System of Psychotherapy: A secondary analysis from a randomized clinical trial. Psychother Psychosom 19: 1–2. doi:10.1159/000506082.

Klein JP, Stahl J, Hüppe M, McCullough JP, Schramm E, Ortel D, Sondermann S, Schröder J, Moritz S, Schweiger U (2020) Do interpersonal fears mediate the association between childhood maltreatment and interpersonal skills deficits? A matched cross-sectional analysis. Psychother Res 30:267–278. doi:10.1080/10503307.2018.1532125.

Kocsis JH, Gelenberg AJ, Rothbaum BO, Klein DN, Trivedi MH, Manber R, Keller MB, Leon AC, Wisniewski SR, Arnow BA, Markowitz JC, Thase ME (2009) Cognitive behavioral analysis system of psychotherapy and brief supportive psychotherapy for augmentation of antidepressant nonresponse in chronic depression: The REVAMP trial. Arch Gen Psychiatry 66: 1178–1188. doi:10.1001/archgenpsychiatry.2009.144.

Kocsis JH, Leon AC, Markowitz JC, Manber R, Arnow B, Klein DN, Thase ME (2009) Patient preference as a moderator of outcome for chronic forms of major depressive disorder treated with nefazodone, cognitive behavioral analysis system of psychotherapy, or their combination. J Clin Psychiatry 70: 354–61. doi:10.4088/jcp.08m04371.

Köhler S, Chrysanthou S, Guhn A, Sterzer P (2019) Differences between chronic and nonchronic depression: Systematic review and implications for treatment. Depress Anxiety 36:18–30. doi.org/10.1002/da.22835.

Kriston L, von Wolff A, Westphal A, Hölzel LP, Härter M (2014) Efficacy and acceptability of acute treatments for persistent depressive disorder: A network meta-analysis. Depress Anxiety 31: 621–630. doi:10.1002/da.22236.

Kühnen T, Knappke F, Otto T, Friedrich S, Klein JP, Kahl KG, Hüppe M, Sipos V, Schweiger U (2011) Chronic depression: Development and evaluation of the Luebeck Questionnaire for recording preoperational thinking (LQPT). BMC Psychiatry 11: 199. doi: 10.1186/1471-244X-11-199.

Lammers C-H (2020) Die Entwicklung der therapeutischen Beziehung in der Verhaltenstherapie: Vom Objekt zum Partner. In: Strauß B, Galliker M, Linden M, Schweitzer J (Hrsg.) Ideengeschichte der Psychotherapieverfahren. Theorien, Konzepte, Methoden. Stuttgart: Kohlhammer (in Vorbereitung).

Locke KD, Sayegh L, Penberthy JK, Weber C, Haentjens K, Turecki G (2017) Interpersonal circumplex profiles of persistent depression: Goals, self-efficacy, problems, and effects of group therapy. J Clin Psychol 73: 595–611. doi:10.1002/jclp.22343.

Locke KD, Sayegh L, Weber C, Turecki G (2018) Interpersonal self-efficacy, goals, and problems of persistently depressed outpatients: Prototypical circumplex profiles and distinctive subgroups. Assessment 25: 988–1000. doi: 10.1177/10731911 16672330.

Manber R, Arnow B, Blasey C, Vivian D, McCullough JP, Blalock JA, Klein DN, Markowitz JC, Riso LP, Rothbaum B, Rush AJ, Thase ME, Keller MB (2003) Patient's therapeutic skill acquisition and response to psychotherapy, alone or in combination with medication. Psychol Med 33: 693–702. doi:10.1017/s0033291703007608.

McCullough JP (1980) How to help depressed patients gain control over their lives using a situational analysis procedure. Behav Medicine 7: 33–34.

McCullough JP (1984) Cognitive-behavioral analysis system of psychotherapy: An interactional treatment approach for dysthymic disorder. Psychiatry 47: 234–250. doi:10.1080/00332747.1984.11024245.

McCullough JP (1991) Psychotherapy for dysthymia: A naturalistic study of ten patients. J Nerv Ment Dis: 179, 734–740.

McCullough JP (2000) Treatment for chronic depression: Cognitive Behavioral Analysis System of Psychotherapy. New York: Guilford.

McCullough JP (2003) Patient's manual for CBASP. New York: Guilford.

McCullough JP (2005) Cognitive behavioral analysis system of psychotherapy (CBASP) for chronic depression. In: Norcross JC, Goldfried MR (Eds.) Handbook of psychotherapy integration (2nd ed). New York, NY: Oxford University Press. S. 281–298. doi.org/10.1093/med:psych/9780195165791.003.0013.

McCullough JP (2006a) Treating chronic depression with disciplined personal involvement. New York: Springer.

McCullough JP (2006b) Psychotherapie der chronischen Depression: Cognitive Behavioral Analysis System of Psychotherapy – CBASP. Übersetzung und Bearbeitung [des o. g. Werkes »McCullough (2000)«]: E Schramm, U Schweiger, F Hohagen, M Berger. München: Elsevier, Urban & Fischer.

McCullough JP (2010) CBASP, the third wave and the treatment of chronic depression. Eur Psychother 9: 169–190.

McCullough JP (2012) Therapeutische Beziehung und die Behandlung chronischer Depressionen. Heidelberg: Springer. [Übersetzung von McCullough (2006) Treating chronic depression with disciplined personal involvement. Übersetzer: Schweiger U, Sipos V, Demmert A, Klein JP].

McCullough JP (2013) Einführung und State-of-the-Art von CBASP. In: Belz M, Caspar F, Schramm E (Hrsg.) Therapieren mit CBASP. München: Elsevier, Urban & Fischer. S. 3–23.

McCullough JP (2019) Swimming Upstream: A story about becoming human. Pittsburgh: Dorrance Publishing Co.

McCullough JP, Goldfried MR (2000) Treatment for Chronic Depression. Cognitive Behavioral Analysis System of Psychotherapy (CBASP). New York: Guilford Publications.

McCullough JP, Klein DN, Keller MB, Holzer III CE, Davis SM, Kornstein SG, Howland RH, Thase ME, Harrison WM (2000) Comparison of DSM-III-R chronic major depression and major depression superimposed on dysthymia (double depression): Validity of the distinction. J Abnorm Psychol 109: 419–427. doi.org/10.1037/0021-843X.109.3.419.

McCullough JP, Schramm E, Penberthy JK (2015) CBASP as a distinctive treatment for persistent depressive disorder. New York: Routledge.

Michalak J, Probst T, Heidenreich T, Bissantz N, Schramm E (2016) Mindfulness-based cognitive therapy and a group version of the cognitive behavioral analysis system of psychotherapy for chronic depression: Follow-up data of a randomized controlled trial and the moderating role of childhood adversities. Psychother Psychosom 85: 378–380. doi:10.1159/000447014.

Michalak J, Schultze M, Heidenreich T, Schramm E (2015) A randomized controlled trial on the efficacy of mindfulness-based cognitive therapy and a group version of cognitive behavioral analysis system of psychotherapy for chronically depressed patients. J Consult Clin Psychol 83: 951–963. doi:10.1037/ccp0000042.

Murphy JA, Byrne GJ (2012) Prevalence and correlates of the proposed DSM-5 diagnosis of chronic depressive disorder. J Affect Disord 139: 172–180. doi: 10.1016/j.jad.2012.01.033.

Nanni V, Uher R, Danese A (2012) Childhood maltreatment predicts unfavorable course of illness and treatment outcome in depression: a meta-analysis. Am J Psychiatry 169: 141–151. doi: 10.1176/appi.ajp.2011.11020335.

Negt P, Brakemeier E-L, Michalak J, Winter L, Bleich S, Kahl KG (2016) The treatment of chronic depression with cognitive behavioral analysis system of psychotherapy: A systematic review and meta-analysis of randomized-controlled clinical trials. Brain Behav 6: e00486. doi:10.1002/brb3.486.

Nelson J, Klumparendt A, Doebler P, Ehring T (2017) Childhood maltreatment and characteristics of adult depression: Meta-analysis. Br J Psychiatry 210: 96–104. doi:10.1192/bjp.bp.115.180752.

Nemeroff CB, Heim CM, Thase ME, Klein DN, Rush AJ, Schatzberg AF, Ninan PT, McCullough JP, Weiss PM, Dunner DL, Rothbaum BO, Kornstein S, Keitner G, Keller MB (2003) Differential responses to psychotherapy versus pharmacotherapy in patients with chronic forms of major depression and childhood trauma. Proc Natl Acad Sci U S A 100: 14293–14296. doi:10.1073/pnas.2336126100.

Neudeck P, Schoepf D, Penberthy JK (2010) Learning theory aspects of the interpersonal discrimination exercise in cognitive behavioral analysis system of psychotherapy. Behav Ther 33: 58–63.

Norcross JC, Goldfried MR (Eds.) (2005) Handbook of psychotherapy integration (2nd ed). New York, NY: Oxford University Press. doi.org/10.1093/med:psych/9780195165791.001.0001.

Öst L-G (2008) Efficacy of the third wave of behavioral therapies: A systematic review and meta-analysis. Behav Res Ther 46: 296–321. doi:10.1016/j.brat.2007.12.005.

Penberthy JK (2013) CBASP bei komorbidem Auftreten von chronischer Depression und Alkoholabhängigkeit. In: Belz M, Caspar F, Schramm E (Hrsg.) Therapieren mit CBASP. München: Elsevier, Urban & Fischer. S. 109–129.

Piaget J (1995) Intelligenz und Affektivität in der Entwicklung des Kindes. Frankfurt: Suhrkamp.

Probst T, Schramm E, Heidenreich T, Klein JP, Michalak J (2020) Patients' interpersonal problems as moderators of depression outcomes in a randomized controlled trial comparing mindfulness-based cognitive therapy and a group version of the cognitive-behavioral analysis system of psychotherapy in chronic depression. J Clin Psychol. doi: 10.1002/jclp.22931.

Prouty G (1994) Theoretical evolutions in person-centered/experiential therapy: Applications to schizophrenic and retarded psychosis. Westport CT: Praeger.

Rief W, Bleichhardt G, Dannehl K, Euteneuer F, Wambach K (2018) Comparing the efficacy of CBASP with two versions of CBT for depression in a routine care center: A randomized clinical trial. Psychother Psychosoma 87: 164–178. doi:10.1159/000487893.

Sabaß L, Padberg F, Normann C, Engel V, Konrad C, Helmle K, Jobst A, Worlitz A, Brakemeier E-L (2018) Cognitive Behavioral Analysis System of Psychotherapy as group psychotherapy for chronically depressed inpatients: A naturalistic multicenter feasibility trial. Eur Arch Psychiatry Clin Neurosci 268: 783–796. doi: 10.1007/s00406-017-0843-5.

Sandler J, Dare C, Holder A (2015) Die Grundbegriffe der Psychoanalytischen Therapie (11. Aufl.). Stuttgart: Klett-Cotta.

Santiago NJ, Klein DN, Vivian D, Arnow BA, Blalock JA, Kocsis JH, Markowitz JC, Manber R, Riso LP, Rothbaum BO, Rush AJ, Thase ME, McCullough JP, Keller MB (2005) The therapeutic alliance and CBASP-specific skill acquisition in the treatment of chronic depression. Cognit Ther Res 29: 803–17. doi: 10.1007/s10608-005-9638-5.

Satyanarayana S, Enns MW, Cox BJ, Sareen J (2009) Prevalence and correlates of chronic depression in the Canadian Community Health Survey: Mental health and wellbeing. Can J Psychiatry 54: 389–398. doi: 10.1177/070674370905400606.

Sayegh L, Locke KD, Pistilli D, Penberthy JK, Chachamovich E, McCullough JP, Turecki G (2012) Cognitive Behavioural Analysis System of Psychotherapy for treatment-resistant depression: Adaptation to a group modality. Behav Change 29: 97–108. doi10.1017/bec.2012.2.

Sayegh L, Penberthy K (2016) Group treatment manual for persistent depression: Cognitive Behavioral Anylsis System of Psychotherapy (CBASP) therapist's guide. New York: Routledge.

Schramm E, Brakemeier E-L, Fangmeier R (2012) CBASP in der Gruppe: Das Kurzmanual. Stuttgart: Schattauer.

Schramm E, Kriston L, Elsaesser M, Fangmeier T, Meister R, Bausch P, Zobel I, Bailer J, Wambach K, Backenstrass M, Klein JP, Schoepf D, Schnell K, Gumz A, Löwe B, Walter H, Wolf M, Domschke K, Berger M, Hautzinger M, Härter M (2019) Two-year follow-up after treatment with the cognitive behavioral analysis system of psychotherapy versus supportive psychotherapy for early-onset chronic depression. Psychother Psychosom 88: 154–164. doi: 10.1159/000500189.

Schramm E, Kriston L, Zobel I, Bailer J, Wambach K, Backenstrass M, Klein JP, Schoepf D, Schnell K, Gumz A, Bausch P, Fangmeier T, Meister R, Berger M, Hautzinger M, Härter M (2017) Effect of disorder-specific vs nonspecific psychotherapy for chronic depression: A randomized clinical trial. JAMA Psychiatry 74, 233–242. doi:10.1001/jamapsychiatry.2016.3880.

Schramm E, Zobel I, Dykierek P, Kech S, Brakemeier E-L, Külz A, Berger M (2011) Cognitive behavioral analysis system of psychotherapy versus interpersonal psychotherapy for early-onset chronic depression: A randomized pilot study. J Affect Disord 129: 109–116. doi:10.1016/j.jad.2010.08.003.

Schramm E, Zobel I, Schoepf D, Fangmeier T, Schnell K, Walter H, Drost S, Schmidt P, Brakemeier E-L, Berger M, Normann C (2015) Cognitive behavioral analysis system of psychotherapy versus escitalopram in chronic major depression. Psychother Psychosom 84: 227–240. doi:10.1159/000381957.

Serbanescu I, Walter H, Schnell K, Kessler H, Weber B, Drost S, Groß M, Neudeck P, Klein JP, Assmann N, Zobel I, Backenstrass M, Hautzinger M, Meister R, Härter M, Schramm E, Schoepf D (2020) Combining baseline characteristics to disentangle response differences to disorder-specific versus supportive psychotherapy in patients with persistent depressive disorder. Behav Res Ther. 124: 103512. doi:10.1016/j.brat.2019.103512.

Skinner BF (1953) Science and human behavior. New York: Macmillan.

Strauß B, Burlingame GM (2018) Gruppenpsychotherapieforschung und Wirksamkeitsnachweise von Gruppenbehandlungen. In: Strauß B, Mattke D (Hrsg.) Gruppenpsychotherapie. Lehrbuch für die Praxis (2. Auflage). Berlin: Springer. S. 191–210. doi:10.1007/978-3-662-54644-4_2.

Swan JS, MacVicar R, Christmas D, Durham R, Rauchhaus P, McCullough JP, Matthews K (2014) Cognitive Behavioral Analysis System of Psychotherapy (CBASP) for chronic depression: Clinical characteristics and six month clinical outcomes in an open case series. J Affect Disord 152–154: 268–276. doi:10.1016/j.jad.2013.09.024.

Van Randenborgh A, Hüffmeier J, Victor D, Klocke K, Borlinghaus J, Pawelzik M (2012) Contrasting chronic with episodic depression: An analysis of distorted socio-emotional information processing in chronic depression. J Affect Disord 141: 177–184. doi:10.1016/j.jad.2012.02.039.

Walter H, Klein JP, Schnell K (2013) Zur systemischen Neurowissenschaft der chronischen Depression. In: Belz M, Caspar F, Schramm E (Hrsg.) Therapieren mit CBASP. München: Elsevier, Urban & Fischer. S. 35–49.

Wiersma JE, Hovens JG, van Oppen P, Giltay EJ, van Schaik, DJF, Beekman AT, Penninx BW (2009) The importance of childhood trauma and childhood life events for chronicity of depression in adults. J Clin Psychiatry 70: 983–989. doi:10.4088/jcp.08m04521.

Wiersma JE, van Schaik DJF, (2013) Die Rolle früher Traumatisierungen beim CBASP. In: Belz M, Caspar F, Schramm E (Hrsg.) Therapieren mit CBASP. München: Elsevier, Urban & Fischer. S. 79–87.

Wiersma JE, van Schaik DJF, Hoogendorn AW, Dekker JJ, Van HL, Schoevers RA, Blom MBJ, Maas K, Smit JH, McCullough JP, Beekman ATF, van Oppen P (2014) The effectiveness of the cognitive behavioral analysis system of psychotherapy for chronic depression: A randomized controlled trial. Psychother Psychosom 83: 263–269. doi:10.1159/000360795.

Wilbertz G, Brakemeier E-L, Zobel I, Härter M, Schramm E (2010) Exploring preoperational features in chronic depression. J Affect Disord 124: 262–269. doi:10.1016/j.jad.2009.11.021.

Zobel I, Werden D, Linster H, Dykierek P, Drieling T, Berger M, Schramm E (2010) Theory of mind deficits in chronically depressed patients. Depress Anxiety 27: 821–828. doi:10.1002/da.20713.

# Sachwortverzeichnis

## A

Alkoholabhängigkeit 110
Angst-Vermeidungsmuster 29, 49
Antidepressive Medikation 130
Ätiologie 31

## B

Bech-Rafaelsen-Melancholie-Skala (BRMS) 43
Beck Depressions-Inventar (BDI-II) 43, 89, 106, 132
Behavioral Activation 130
Berufliche Wiedereingliederung 119
Bezugspflege 120

## C

CBASP stationär 112, 117, 133
CBASP-Bewegungstherapiegruppe 122
CBASP-Fallkonzeption 89
CBASP-Gestaltungstherapiegruppe 122
CBASP-Gruppenkonzept 73, 131
– ambulant 113
– stationär 121
CBASP-Netzwerk 21–22, 123, 144–145

## D

Diagnostik
– dimensional 42
– kategorial 39
Disciplined Personal Involvement 24, 124
Dritte Welle KVT 23
DSM-5 27, 40, 88, 108, 131
Dysthymie 17, 27, 40, 108

## E

Emotionaler Brennpunkt (»hot spot«) 58, 77
Empathie 36
Empathie-Training 122

## F

Fortbildungszertifikat 145
Frühe Traumatisierung 31, 33, 139
– Childhood Trauma Questionnaire (CTQ) 43
– Emotionaler Missbrauch 34, 140

## H

Hamilton Depressionsskala (HAMD) 43, 132
Helping Alliance Questionnaire 129

# Sachwortverzeichnis

## I

ICD-10  40
Impact Message Inventory (IMI)  21, 39, 44, 72, 83, 89, 93, 126, 141
Indikationsspektrum  109, 117, 131
International CBASP Society  144
Interpersonelle »Sicherheitszone«  125
Interpersonelle Diskriminationsübung  21, 55, 77, 98, 124
Interpersonelle Grundängste  29, 35
Interpersonelle Probleme  35, 44
Interpersonelle Psychotherapie der Depression (IPT)  130
Interpersonelle Theorie  18, 21
Inventar interpersonaler Probleme (IIP)  44, 89, 129, 141

## K

Keller-Studie  19, 127, 136, 142
Kiesler-Kreis  29, 45, 61, 71–72, 115
Kiesler-Kreis-Training  121
Klientzentrierte Gesprächspsychotherapie  125
Kognitive Entwicklungstheorie  30
Komorbide Störung  109
Komplementarität
– interpersonell  45, 61, 72, 95, 101, 126
Komplementaritätsprinzip  115
Kontingent Persönliche Reaktion  21, 73, 77, 81, 104, 124
Krankheitsbeginn  33

## L

Langzeiteffekt  136
Liste der prägenden Bezugspersonen  51, 55, 57, 78, 89, 92, 113, 120

## M

Mediatorenanalyse  129
Mediatorvariable  127, 141
Meta-Analyse  135
Mindfulness-based Cognitive Therapy (MBCT)  130, 140
Mini-Situationsanalyse  70, 115
Moderatorvariable  139
Multiprofessionelles Team  119

## O

Operante Lerntheorie  65

## P

Panikstörung  110
Patient Performance Rating Form (PPRF)  48
Perceived functionality  18, 21, 24, 32, 49, 59
Persönlichkeitsstörung
– Antisoziale  110
– Borderline  109
– Schizotype  110
Posttraumatische Belastungsstörung  110
Präoperationale Phase  30
Prä-Therapie  125
Pre-therapy Patient  85
Psychoanalyse  125

## Q

Quick Inventory of Depressive Symptomatology (QIDS)  43

## R

Remissionsrate  132

## S

S3-Leitlinie 138
SCID-5-CV 42, 88
SCID-5-PD 88
Selbsthilfegruppe 116
Shaping 68, 76, 96, 115, 120
Situationsanalyse 18, 47, 50, 58, 69, 84, 95, 115, 128, 142
- Erhebungsphase 59, 95
- Lösungsphase 59, 65, 97
Soziale Lerntheorie
Stimulus value/Stimuluscharakter 18, 45–47, 61, 115, 126
Störungsmodell 28, 37, 82
Supportive Psychotherapie 128, 130, 140

## T

Theory of Mind (ToM) 36
Therapeutische Beziehung 72, 77, 120
- diszipliniert persönliche Gestaltung 49, 124
Therapiepräferenz 139

## U

Übertragungsbereich 55, 78
Übertragungshypothese 52, 55, 78, 82, 89, 93, 113, 120
- gruppenrelevant 114

## V

Verhaltenstherapie 17, 125, 130
Verwandtschafts-Psychotherapie 126

## W

Wahrnehmungsentkopplung 29, 36, 49
Wirksamkeit 130

## Z

Zukunfts(situations)analyse 74, 101, 104, 115
Zwangsstörung 110